シードブック

保育内容 環境

第3版

榎沢良彦・入江礼子 編著

石原喜代子・川上美子・佐々木晃・高柳恭子・西多由貴江

根津明子・松田清美・宮里暁美・向出圭吾・横山洋子 共著

建帛社

KENPAKUSHA

はしがき

SEED

日本の幼稚園教育および保育は子どもを一人の主体として尊重し，子ども自身が内面から成長し発達していくことを重視する方向へと発展してきた。その表れが，現在の保育内容の考え方である。保育内容の「領域」は一言で言えば，主体としての子どもがどのように発達していくのかを踏まえ，子どもの内面性の育ちに配慮したものである。それは子どもの発達の基礎をなすものでもある。

また，保育内容は教育方法および保育方法と緊密な関係にある。乳幼児期の子どもたちにふさわしい教育方法および保育方法は，乳幼児期の子どもたちの学び方および発達の仕方に合ったものでなければならない。日本の幼稚園教育および保育は，そのような方法を探究してきた。保育内容は，乳幼児期の子どもたちに合った方法と一体となることにより，初めて十分に実を結ぶのである。それゆえ，私たちは発達の基礎としての保育内容について理解を深めると共に，それをどのように実践に具体化し，子どもたちに経験させるか，その方法についても学ばなければならないのである。

以上のような子どもを主体として考えることを，実践において実現することは難しいことである。学生のみなさんの多くは，子どもたちを楽しませることや，子どもたちを遊ばせることに懸命になる。その結果，いつの間にか子どもの視点を見失い，子どもの内面に目を向けることを忘れてしまうのである。そこで，「シードブック」5 領域の教科書では，学生のみなさんが，主体としての子どもの視点から保育内容を理解できるように，特に以下の点に配慮して編集した。

第一は，保育内容を「子ども自身が学ぶ」という視点で捉えることである。第二に，できるだけ子どもの経験が見えるようにすることである。そして，第三に，同じく子どもの視点から援助のあり方についても捉えることである。章により配慮の程度に違いはあるものの，基本的に各執筆者は以上の点を意識して執筆した。

2017年3月に「幼稚園教育要領」「保育所保育指針」「幼保連携型認定こども園教育･保育要領」が改訂･改定された。それに伴い，本書も改訂を行い「第3版」とした。改訂に当たっては以下のことに配慮した。

一つは，幼稚園・保育所・幼保連携型認定こども園における保育内容の整合性を十分に踏まえて，幼稚園教育要領等の改訂・改定の趣旨および変更点について正確に理解できるようにすることである。今回の幼稚園教育要領等の改訂・改定では，幼稚園・保育所・幼保連携型認定こども園に共通する点として「発達を支援するという教育」の面が明瞭にされた。三つの機関・施設は乳幼児期を通じて，子どもを教育することを共通の目的としており，その成果は小学校へと連続していくことがより明確にされた。そのことを本書の中に反映するように配慮した。もう一つは，新しい情報や知見を盛り込むことである。幼稚園教育要領と保育所保育指針は9年ぶりの改訂･改定である。その間に様々な調査がなされている。そこで，保育内容の理解を深めるために必要なかぎり，新しい情報や知見を盛り込むことにした。章により，修正の必要度合いは異なるが，各執筆者は以上の点を意識して，適宜修正した。

最後に，本シリーズが，保育者を志す学生のみなさんが子どもの視点に立った保育内容と援助のあり方について理解を深めるための一助となることを，切に願うしだいである。

2018年4月

編　　者

SEED

もくじ

第１章 領域「環境」の意味

1．子どもにとっての身近な環境とは

(1) 子どもの生活の中にあるもの

人間にとって環境は広範囲に存在するものである。見たり，聞いたり，触れるなど，直接知覚することができ，応答し合うことができるものから，マスメディアなどを通じて，間接的に見聞きしたり，想像するものまで，様々である。前者の直接的に知覚できるものを「直接的な環境」，後者の間接的に知覚できるものを「間接的な環境」と呼ぶことにすると，人間にとっての環境は，大きくこの二つに分けることができる。

このことは，子どもに対しても当てはまる。しかし，乳幼児期の子どもは，大人のように，新聞雑誌を読んで社会の出来事などに関心をもち，認識を深めることなどはしない。子どもたちは直接見聞きするものに強く興味をかき立てられ，かかわっていく。例えば，新聞紙でも，父親の大事な書類でも，空き箱でも，ドアでも，スリッパでも，手の届くところにあるものは何でも子どもの玩具になる。すなわち，乳幼児期の子どもにとっては，身の回りに存在する直接的な環境が環境の多くを占めているのであり，それゆえ，発達に強い影響を及ぼしているのである。

身の回りにあるものとは，すなわち，子ども自身の生活の中にあるものである。生活の中にあるものは，どれでも意味をもって使われる。例えば，靴は外に出かけるために使われる。食器やお箸は食事をするために使われる。それゆえ，生活の中にあるものは，子どもがそれにかかわることを通して，その意味が理解される。生活の中にあるものに関しては，子どもはそれが何であり，どのように使えばよいのかが容易にわかる。それが子どもの学びである。生活の中にあるものは，子どもの学びに直結しているものなのである。

(2) 子どもが興味・関心を抱けるもの

「身近である」ということは，子どもがそれに対して興味や関心を抱けるということを意味する。たとえ物理的には身近に存在していても，およそ子どもの興味の対象とならないものは存在していないことと同然である。例えば，園庭で子どもたち自身が水をやっている花には，子どもたちの関心は容易に向く。しかし，よく通る道の端に茂っている雑草には，子どもたちが関心を示すことはほとんどないだろう。前者は子どもの興味を引きやすいという意味で，身近であるといえる。後者は子どもの興味をほとんど引かないという意味で，身近ではないといえる。当然，そのようなものに子どもたちがかかわる可能性はほとんどない。

このような意味で環境が身近であるかどうかは，客観的な基準で決まるわけではない。子どもの発達段階により，また，子ども一人ひとりにより異なる。なぜなら，発達することにより子どもの興味の対象は変化するし，一人ひとりの生活経験の相違によっても興味の対象は変化するからである。いずれにせよ，環境を子どもにとって身近なものにするためには，子どもの興味の範囲を把握する必要がある。

(3) 子どもが自分でかかわることができる

子どもが興味や関心を抱くことができたとしても，実際に子どもがそれにかかわることができないのであれば，意味がない。遅かれ早かれ，それに対する興味は消失してしまうだろう。そうなれば，それはもはや身近ではなくなる。

子どもにとって，何かに興味を抱くこととそれにかかわることとは表裏一体である。興味を抱けばかかわらずにはいられないのが子どもである。かかわることで興味はさらに強まり，かかわりが発展する。それゆえ，子どもが直にかかわることができることは，環境として大事な点である。

2. 領域「環境」において育むもの

(1) 生きる力の基礎

幼稚園教育要領では，幼児期においては生きる力の基礎を育むことが重要であるといわれている。「生きる力」については，1996（平成8）年，中央教育審議会が「21世紀を展望した我が国の教育の在り方について」の答申において，次のように示した。

・いかに社会が変化しようと，自分で課題を見つけ，自ら学び，自ら考え，主体的に判断し，行動し，よりよく問題を解決する資質や能力
・自ら律しつつ，他人とともに協調し，他人を思いやる心や感動する心など，豊かな人間性
・たくましく生きるための健康や体力

ここで示されている内容のうち，1番目は「主体性」と言い換えることができるだろう。したがって，「主体性」「豊かな人間性」「健康や体力」を身に付けることが，子どもの生きる力を育てることになると考えられているのである。

この答申を踏まえて，1998（平成10）年，教育課程審議会が「幼稚園，小学校，中学校，高等学校，盲学校，聾学校及び養護学校の教育課程の基準の改善について」の答申を行い，同年3月に，生きる力の基礎を培うことを目的に幼稚園教育要領が改訂された。さらに，2008（平成20）年1月には，中央教育審議会が「幼稚園，小学校，中学校，高等学校及び特別支援学校の学習指導要領の改善について」の答申の中で，生きる力を育む必要性を再確認し，社会全体でその理念を共有することが必要であることを強調し，同年3月にその方針の下，幼稚園教育要領が改訂された。そして，2016（平成28）年12月に中央

教育審議会は「幼稚園，小学校，中学校，高等学校及び特別支援学校の学習指導要領等の改善及び必要な方策について」の答申の中で，生きる力の理念を具現化することにより，生きる力の育成を一層充実させる必要を述べた。それを踏まえて，2017（平成29）年3月に幼稚園教育要領が改訂された（現行版）。同時に保育所保育指針と幼保連携型認定こども園教育・保育要領（以下「認定こども園教育・保育要領」とする）も改訂・改定された。これら一連の改訂・改定の基本方針は，生きる力の基礎を培うことにおかれているのである。領域「環境」も生きる力の基礎を培うために，その理念を具体化する視点で見直されたものである。

(2) 領域「環境」のねらい

幼稚園教育要領では，領域「環境」は3項目の「ねらい」と12項目の「内容」からなっている*。「内容」は「ねらい」を達成するために具体的に指導する事柄である。それゆえ，「ねらい」について十分に理解しておくことが大切である。

「ねらい」の意味については，現行の幼稚園教育要領では，幼稚園教育において育みたい資質・能力（「知識及び技能の基礎」「思考力，判断力，表現力等の基礎」「学びに向かう力，人間性等」）を幼児の生活する姿から捉えたもの，とされている。一方，旧幼稚園教育要領では幼稚園修了までに育つことが期待される生きる力の基礎となる心情，意欲，態度など，とされている。「ねらい」の意味は異なっているが，両者とも3項目は同じ内容である。それゆえ，現行の幼稚園教育要領の「ねらい」もその内容としては，心情，意欲，態度などを表しているといえる。したがって,「生きる力の基礎」とは,「心情」「意欲」「態度」であり，それが土台となって「幼稚園教育において育みたい資質・能力」が身に付くと考えることが大切である。

---

*　保育所保育指針および認定こども園教育・保育要領では，3歳以上児に関しては幼稚園教育要領と同項目数である。1歳以上3歳未満児に関しては,「ねらい」は3項目,「内容」は6項目となっている。

領域「環境」のねらいと内容

周囲の様々な環境に好奇心や探究心をもって関わり，それらを生活に取り入れていこうとする力を養う。

1　ねらい

(1) 身近な環境に親しみ，自然と触れ合う中で様々な事象に興味や関心をもつ。

(2) 身近な環境に自分から関わり，発見を楽しんだり，考えたりし，それを生活に取り入れようとする。

(3) 身近な事象を見たり，考えたり，扱ったりする中で，物の性質や数量，文字などに対する感覚を豊かにする。

2　内　容

(1) 自然に触れて生活し，その大きさ，美しさ，不思議さなどに気付く。

(2) 生活の中で，様々な物に触れ，その性質や仕組みに興味や関心をもつ。

(3) 季節により自然や人間の生活に変化のあることに気付く。

(4) 自然などの身近な事象に関心をもち，取り入れて遊ぶ。

(5) 身近な動植物に親しみをもって接し，生命の尊さに気付き，いたわったり，大切にしたりする。

(6) 日常生活の中で，我が国や地域社会における様々な文化や伝統に親しむ。

(7) 身近な物を大切にする。

(8) 身近な物や遊具に興味をもって関わり，自分なりに比べたり，関連付けたりしながら考えたり，試したりして工夫して遊ぶ。

(9) 日常生活の中で数量や図形などに関心をもつ。

(10) 日常生活の中で簡単な標識や文字などに関心をもつ。

(11) 生活に関係の深い情報や施設などに興味や関心をもつ。

(12) 幼稚園内外の行事において国旗に親しむ。

上に示した領域「環境」のねらいと内容を見てみよう。冒頭に全体的な目的が書かれているが，ここに，「好奇心や探究心をもって」とある。これは，子どもの内面性，つまり，意欲である。さらに，「生活に取り入れていこうとする」という表現がある。これも，意欲や態度という内面性をさしている。

次に「ねらい」の3項目について見てみよう。

(1) では，「様々な事象に興味や関心をもつ」とある。これは内面性の問題である。(2) では，「環境に自分から関わり」と「それを生活に取り入れようとする」とある。これらはどちらも態度を意味する。そして，「発見を楽しんだり」とあるが，これは心情をさしている。最後に，(3) では，「物の性質や数量，文字などに対する感覚」とある。これは，心情・意欲・態度とは異なるが，理解力などの能力のことでもない。能力の一歩手前にある，感覚的・感性的な部分のことである。

また，2017（平成29）年告示の保育所保育指針および認定こども園教育・保育要領で示された「乳児保育に関わるねらい及び内容」の3項目の一つに「身近なものと関わり感性が育つ　身近な環境に興味や関心をもって関わり，感じたことや考えたことを表現する力の基礎を培う」が示され，「ねらい」として，

① 身の回りのものに親しみ，様々なものに興味や関心をもつ。

② 見る，触れる，探索するなど，身近な環境に自分から関わろうとする。

が領域「環境」に関わるものとして挙げられている。

このように，領域「環境」は，身近な環境とのかかわりを通して，環境への関心を育てたり，環境とかかわる意欲や態度などを育てることをねらいとしている。そのことが，やがて数を数えたり，文字を読んだりという能力の獲得や，環境についての認識の深まりに結び付いていくのである。

3. 生活の中で様々な環境と出会うことの大切さ

(1) 子どもたちの経験の偏り

人間は誰でも，自分が生きている環境の中で経験を積みながら成長する。どのような環境で生活しているかにより，私たちのする経験は決まってしまう。それゆえ，生活環境の質は成長過程にある子どもにとってきわめて重要である。

現代の生活環境は，子どもの育ちにとって多くの問題を含んでいる（第2章参照)。それは，一言で言えば，「子どもの経験に偏りが生じている」という問

題である。子どもの発達にとって大事なことは，社会の中で他者とともに生き，社会を築いていく人間として，どこかに歪みが生じることなく，調和のとれた発達を遂げていくことである。それが人間として幸せな状態であるといえる。

ところが，昨今，子どもたちの発達に関して様々な問題が生じている。例えば，学校でのいじめや，友達を傷つける事件の発生などにうかがえるように，子どもたちの社会性，人間関係の調整力，道徳性などの発達に歪みがあるのではないかと思われる状況が広がっている。このような発達上の問題は，子どもたちの生活の中で，調和のとれた発達に必要な経験が十分になされていないことによると考えられる。

例えば，「他者とのふれあいはほとんどなく，親子だけの閉じられた関係の中だけで生活する」とか，「家に，子どもに買い与えた玩具が段ボール箱数箱分もある」などということは決して珍しいことではない。このような環境の下では，人間関係をつくる力や，自立心などの育ちに必要な経験が不足することは否(いな)めない。都市化，情報化，少子化などが急速に進んでいる現代社会では，子どもたちの経験に少なからず偏りが生じていると考えられるのである。

(2) 生活の中で環境と出会うこと

子どもたちは生活の中で必然的に環境にかかわる。遊びにしろ，トイレに行ったり食事をしたりという生活行動にしろ，子どもたちは自分の必要性から環境にかかわる。その意味で，子どもたちは，自分が生活する必要性から環境を経験しているのである。そのことは次のような意義をもっている。

1) 子ども自身が実感をもってわかる

子どもが生活の中で環境にかかわることは，環境について，「本当にそうだ」とか，「そうなんだ」というように，実感をもって理解できるということである。なぜなら，生活の中で出会うものはすべてその子どもにとっては意味のあるものであり，それゆえ，一所懸命に，熱心にそれにかかわり，ときには納得いくまでかかわり続けるからである。さらに，子どもは物にしろ，生き物にしろ，それらに直接かかわることで，嬉しくなったり，驚いたり，感動したり，心配したり，安心したりなど，感情を伴う体験をする。そのことが，環境とのかかわりの体験を子どもの心に刻み付けるのである。

子どもの身体の中に様々な感情が湧き上がってくるということは，かかわった環境によって子ども自身が強く揺さぶられ，その経験が深く子どもの心の中に刻み込まれることを意味している。例えば，子どもはウサギを抱くことで，初めてウサギのからだの柔らかさ，温かさ，脈拍を感じることができる。このとき，子どもは驚きや感動を覚えるだろう。そして，その感情とともに，柔らかさや温かさの体験が子どもの身体の中に染み込んでいくのである。それが命についての根源的な体験となるのである。子どもは，単に知識としてではなく，身体に染み付いた感覚として，「生命とはどういうものか」，「生き物が生きているとはどういうことか」ということを理解するのである。

このように，生活の中で環境と出会うことは，出会った環境について実感を伴って理解することを可能にするのである。

2）身体で実行できる知識が身に付く

生活の中で環境にかかわることは，実際に子どもが行動し，行為し，自分の身体を環境に適応させていくことを意味する。つまり，自分のおかれている環境の中で，うまく行動できるようになることを意味しているのである。

例えば，ウサギの世話をすることを通して，ウサギの抱き方がわかる。一連の世話の手順がわかり，作業を滞りなくこなすことができるようになる。餌を作る作業を通して，包丁の使い方や野菜をうまく切るこつも身に付く。

また，草花で色水を作って遊ぶ場合であれば，すりこぎやすり鉢をどのように使えば草花をうまくつぶせるかわかるようになる。加える水の量で色の濃さが調節できることもわかる。

これらは一種の知識なのであるが，単に言葉に表された知識を聞いて覚えたものではない。試行錯誤しながら身体でわかった知識である。それゆえ，子どもはそれを言葉で的確に説明できるわけではない。しかし，子どもはその知識を実際に行動に表し，実行できるのである。その意味で，これらの知識は身体に染み付いた実践力としての知識なのである。

このように，子どもは生活の中で，生活に必要な実践力としての知識を身に付けることができるのである。そして，実際に行動できるという仕方で，子どもは環境に適応して生きることができるようになるのである。

(3) 様々な環境と出会うこと

園生活においては，子どもたちが多様な環境と出会うことが重要である。日々の家庭での生活では，環境は一定化してしまい，子どもの経験が偏ったものになりがちである。すでに指摘したように，それは決して好ましい事態ではない。調和のとれた発達を保障するには，園生活が多様な環境との出会いの場となることが必要である。そして，それは子どもにとって次のような意義をもつ。

1) 子どもが興味や関心をもつ

子どもは本来，自分の生きている世界に対して旺盛な探究心をもっている。つまり，いろいろなことに関心をもってはそれを追究しようとする。子どもの発達を保障するには，子どものもっている様々なことへの探究心を刺激してあげることが大事である。園生活が多様な環境であるということは，子どもが様々な興味や関心をもつことができるということであり，探究心が大いに刺激されるということである。

しかし，様々な環境を提供しさえすれば，子どもが興味や関心をもって活動するわけではない。保育者が準備する環境は子どもの発達段階に適したものである必要がある。また，これまでの子どもたちの遊びの流れや，興味の向かう方向などを踏まえた環境を準備するのでなければ，環境が子どもたちの遊びの中に十分に取り込まれ活かされることはない。したがって保育者は子どもたちの実際の姿を捉えながら，興味を喚起する様々な環境を準備しなければならない。

2) 子どもが豊かな生活をつくる

様々な環境と出会えるということは，様々な経験ができるということである。同じような経験しかできないよりは，様々な経験ができる方が生活が豊かであるといえるし，子どもの発達にとっても望ましい。つまり，豊かな生活とは，子どもの発達に必要な様々な経験ができる生活ということである。そして，生活を展開するのは子ども自身であるから，保育者は子どもが自分の生活を豊かなものにしていけるように，様々な環境を準備するのである。

確かに，様々な経験が可能であることは豊かな生活の必要条件である。だが，子どもがよりよく発達していくためには，ただ様々な経験をするだけでは十分とはいえない。経験の種類が多いというだけではなく，経験を深めることが重要なのである。子どもが一つのテーマで継続的に遊びを展開していくときには，経験の深まりが期待できる。そのとき，子どもはより深く学ぶことができるのである。では，様々な経験と経験の深まりはどのように関連するのだろうか。

いろいろな経験が相互に関係なく，単発の行事のようになされる場合，経験が深まることは期待できない。いくつかの経験が関連したものとして子どもに捉えられる場合，それらが結び付いて，子どもの興味は強まり，興味の探究が深いものとなっていく。

例えば，草花で色水を作ることとレストランごっこが結び付くことで，色水が単なる色水ではなく，「ジュース」になり，新たな展開を見せることになる。子どもたちはいろいろなジュースができないかと，いろいろな草花を探して，試してみるかもしれない。レストランごっこも新しい仲間が加わることで，役割分担が細分化するかもしれない。こうして，子どもの経験は深まっていく。

このように，経験が深まっていくことで，豊かな生活が一層豊かなものとなる。保育者は様々な環境を準備するだけではなく，環境の関連性も考慮して，子どもの経験が深まるように配慮することが大切なのである。

4．領域「環境」と他の領域との関係

(1) 領域の考え方

保育内容の「領域」は，小学校の「教科」とは考え方が異なっている。教科は基本的に学問の成果を系統的にまとめ上げたものである。初歩的なものから高度なものへと関連をもちながら段階的に内容が構成されている。

一方，領域は学問の成果を系統化したものではない。子どもの発達を捉える

側面として考案されたものである。例えば，領域「環境」に関していえば，これに対応した学問分野が確立されているわけではない。領域「環境」の中には，自然から，物，道具，生き物，文字など，多様なものが含まれている。それらのあるものは物理学にかかわっているし，あるものは技術に，あるものは生物学にかかわっている。領域「環境」は，様々な環境とのかかわりの中で，子どもにどのように育ってほしいかを総合的に示したものなのである。

以上のように，領域は子どもの発達の側面である。確かに，現代では，発達を「言葉」「情緒」「認識」「道徳性」など，いくつかの要素に分けて研究することが通例になっている。しかし，それは研究のために便宜的にそうしているのであり，一人の人間としてみるならば，各要素は密接に関連して，総体的に発達していくのである。したがって保育内容の5領域は分離して存在していると考えるのではなく，一つの発達の五つの側面として，相互に関連し合っていると考えなければならないのである。

(2) 内容からみる領域の関連性

5頁に示した領域「環境」の内容項目をみてみよう。(7) に「身近な物を大切にする」とあるが，これと共通する内容として，領域「人間関係」に「共同の遊具や用具を大切にし，皆で使う」という項目[*1]がある。どちらも物を大切にすることをいっている。

(1) には，「自然に触れて生活し，その大きさ，美しさ，不思議さなどに気付く」とある。これは，自然に感動することでもあり，そういう体験をすることで，表現しようとする気持ちも生まれる。したがって，これは領域「表現」と関連していることになる。

(10) には，「日常生活の中で簡単な標識や文字などに関心をもつ」とある。領域「言葉」には，「日常生活の中で，文字などで伝える楽しさを味わう」という項目[*2]がある。文字などに関心をもつことは，領域「言葉」に関連している。

＊1　幼稚園教育要領，保育所保育指針，認定こども園教育・保育要領ともに12番目。
＊2　幼稚園教育要領，保育所保育指針，認定こども園教育・保育要領ともに10番目。

以上のように，領域の内容の中には，互いに関連し合ったり，重なり合っているものがある。したがって，保育の中では，保育者は領域を個別的に考えるのではなく，常に複数の領域を視野に入れ，総合的に子どもの姿を捉えるように心がける必要があるのである。

5. 小学校教育との関連性

領域「環境」においては，知的好奇心，探究心，思考力などを育むことが目的とされているといえる。例えば，幼稚園教育要領の内容項目の（1）（3）（4）は，自然に関する内容である。これらは，自然に関する気付きや発見の大切さ，それに興味をもってかかわることの大切さをいっている。

子どもたちは，自然にかかわることを通して，自然についての科学的認識にいたる一歩手前の経験的知識を得ることができる。それらは科学的な認識をつくり出すための素となる知識である。そういう知識が豊富に蓄えられていることが，小学校での科学的な学習を支えるのである。

さらに，自然現象などに関して「面白い」とか「不思議だ」と思うことは，科学的探究の前提である。その意味で，幼児期においては，広い意味で科学への興味を育てることが目指されているといえる。そのことは，小学校での理科の学習態度を培うことになる。

また，広い意味で社会について興味や関心を育てることも目指されている。内容項目の（3）には，「季節により自然や人間の生活に変化のあることに気付く」とある。これは私たちの生活に目を向けることを意味している。内容項目の（11）には，「生活に関係の深い情報や施設などに興味や関心をもつ」とある。これは身近な社会に目を向けることを意味している。このような関心が，やがては社会についての認識につながるのである。

内容項目の（9）には，「日常生活の中で数量や図形などに関心をもつ」とある。これは算数に関する事柄である。日常生活の中で数量や図形にかかわることは，単に数字や図形を暗記させられることとは違い，生活の中でそれらがどのように使われているのか，生活にどのようにかかわっているのかを知ることを可能にする。つまり，それらのもつ機能の一端を知ることができるのである。そういう知識は，数字や図形への興味を強めるし，小学校教育においてそれらの概念を理解することを助けてくれるのである。

内容項目 (8) には，「身近な物や遊具に興味をもって関わり，自分なりに比べたり，関連付けたりしながら考えたり，試したりして工夫して遊ぶ」とある。これは，まさしく思考力や創造性を養うことを意味している。思考力は学習にとって大事な力である。また，創造性は学校教育全体を通して，子どもたちに培うべき資質である。その土台を幼児期に培おうとしているのである。

幼児期の教育・保育においては，小学校教育との接続を図ること，つまり，小学校教育の土台となるものを育むことを大事にしているのである。その一つとして，領域「環境」では，「子どもが自分なりに考えることができるようになる過程」「自ら考えようとする気持ちが育つようにすること」を大事にしている。これらはまさに小学校での学習を支える基礎であるといえる。

このように，領域「環境」の内容は，小学校での教科学習の基礎づくりになっているといえる。好奇心を育み，経験的知識を豊かにし，自分で考えようとする姿勢を身に付けさせておくことが，小学校での抽象的な教科学習を容易にするのである。

■参考文献

岩田純一・河嶋喜矩子編：新しい幼児教育を学ぶ人のために，世界思想社，2001

教育課程審議会「幼稚園，小学校，中学校，高等学校，盲学校，聾学校及び養護学校の教育課程の基準の改善について（答申）」，1998

中央教育審議会「21 世紀を展望した我が国の教育の在り方について（第一次答申）」，1996

中央教育審議会「幼稚園，小学校，中学校，高等学校及び特別支援学校の学習指導要領等の改善について（答申）」，2008

中央教育審議会「幼稚園，小学校，中学校，高等学校及び特別支援学校の学習指導要領等の改善及び必要な方策等について（答申）」，2016

第２章
子どもの育ちにかかわる現代の生活環境とその課題

第２章では，領域「環境」との関連から，現代の生活環境が，私たちの好むと好まざるとにかかわらず，子どもの育ちに及ぼしていると思われる問題を取り上げる。そこから，保育という営みに課せられている現代的課題を確認していく。その際，保育所や幼稚園，認定こども園等にとどまらず，地域，国，地球規模という広い範囲での生活環境を取り上げていく。第２節以下では生活環境を構成している具体的な事物を取り上げ，課題について考えていくが，それに先立ち，第１節では，生活環境とは何か，生活環境と子どもの育ちとのかかわりを捉える基本的な考え方について述べる。

この章全体を通して伝えたいことは，現代の生活環境の中で，子どものよりよい育ちを保障するためには，保育者自身が生活者として優れた実践者であろうとすること，そして，実際の生活実践を通して，考え続けることが何よりも大切ということである。

1．生活環境と子どもの育ち

(1) 生活環境が育てるということ

私たちは，毎日を様々な人・物・自然・情報などとかかわりながら生きている。言い換えれば，様々な人・物・自然・情報などとかかわりなく，私たちが生きることはできない。だから，ひとまず生活環境とは，毎日私たちが生きるためにかかわっている様々な人・物・生き物・自然・社会事象・情報などをさす。この生活環境を構成している様々な事物が，子どもたちの興味・関心を喚起し，子ども自らがかかわり，成長していく可能性を秘めた教育（保育）の場であり資源である。ここまでは，誰にでも明快にわかる当たり前のことである。ところが，生活環境が子どもの育ちについて，実際どのような意味をもつのかを考えようとすると，とたんに問題は複雑に，そして難しくなる。

私たち個人にとって生活環境を構成している要素のそれぞれがもつ意味は，それを捉える視点と，その人が置かれた状況との相互の関係性によって変わる。例えば保育の中で，チョウ，青虫は，子どもたちの自然の生き物に対する興味・関心を引き起こす存在とみなされている。また，生命を大切にする態度を育てる教材ともみなされている。青虫がチョウになる過程を描いたエリック・カールの『はらぺこあおむし』という絵本は，子どもたちにたいへん人気のある絵本のひとつである。ところが，青虫はキャベツやみかんの葉を食い荒らす。キャベツ農家や，みかん農家にとっては，死活問題であるため「害虫」として，命あるチョウや青虫を排除する。さらに，子どもの身近な大人である親や保育者の中には，チョウや青虫が「怖い」，「苦手」，「さわれない」という人が多い。

チョウ，青虫という一つの生き物をめぐる，価値観や人のかかわりはこのように一様ではなく，相反するものが同時にいくつも存在する。そして，子どもの興味・関心は，そのような多様性の網の目の中で形成されていく。したがって，生活環境を構成するそれらの要素と子どもとのかかわりは，原因―結果のような単純な関係で捉えることができない。

(2) 保育の「環境」を構想するために

そうだとすれば，保育の「環境」を構想するにあたり，まず私たちがしなければならないことは，生活環境を構成する事物について，その意味の多様性を捉えることである。保育所・幼稚園等の生活環境を越え，広い範囲と多様な関係性の中で，それらの事物がもつ意味を知ることである。

その上で，子どもは様々な事物とどのようにかかわりをもち，どのような影響を受けているかを推察すること，さらに，子どもに提示しようとする教材や活動が，それぞれの保育所・幼稚園等という場において，子どもに対してどのような意味をもつことができるかを考えることである。以下に続く節では，現代の生活環境において，先のことを考えるための手がかりを示したい。なお，この章では，人とのかかわりは，取り上げる事物との関連で述べるにとどめる。

2. 物とのかかわりに関する問題

(1) 物とは何か―物が意味すること

ここでいう「物」とは，自然物以外の，人が何らかの目的に応じて人の手によって人工的に作り出したものをいう。物は，その時代の生活を支えるものであり，その生活の様子や価値観を表す，つまり生活文化*を担っている。

さらに物は生活を支えると同時に，教育的作用をもっている。大人から子どもに，言い換えればその社会の次世代に，生活技術やその社会の価値観を伝える重要な役割を担ってきた。道具であれ，材料であれ，その物の用途や役割を正しく知り，やがてはそれを使いこなせるようになることは，その社会で一人前になり，生きていくためには不可欠のことである。それは長らく生活の中での「伝承」という方法で，世代から世代へ引き継がれてきた。そこには一つひとつの物を様々な用途に使いまわし，最後まで使い切る，つまり，物を大切に使うという，物とのかかわり全般に通じる価値観も伝承されてきた。

(2) かつての生活文化と物・大人・子どもとの関係―物を介した「伝承」―

では，生活の中で物を介した「伝承」は，近年までどのように行われてきたのか。このことは，次に挙げる現代的な課題を考える上で，たいへん重要なことなので，あらためて確認しておきたい。

生活の中で物を介した「伝承」は具体的には，まず，子どもが大人を見てまねる，ということに現れてくる。子どもが大人と物とのかかわりを見てまねる

---

*　生活文化：人が生存するために，自然に手を加えて形成してきた事柄。衣食住の技術，学問，芸術，道徳，宗教，政治，価値観など物心両面にかかわる事柄をいう。

のは，そこに「見たい」という興味を喚起し，「まねる」という行動を引き起こすような魅力を見出すからである。ここに，主体的な子どもの学びの姿がある。その典型的な例は，ままごとなどに見ることができる。大人の方でも，大人を見てまねする子どもの姿を捉え，余剰品としての，例えば布の切れ端や木片を遊び道具として与える。さらに，子どもがある程度成長する頃を見はからい，物とのかかわり方を本格的に子どもに教えるようになる。そこに，物を大切に使おうとする工夫が生まれる。「伝承」は物とかかわる大人の姿を介した，大人と子どもの相互交渉として成立してきたのである*。

(3) 技術革新と消費化・省力化がもたらしたこと—分断される物・大人・子ども—

ところが科学技術の進歩が進んだ現代の日本の生活は，衣食住の隅々まで，省力化・消費化がいきわたっている。結果として，先のような大人から子どもへと，物を介した相互交渉の多くは消滅しつつある。お金さえあればたいていの物は手に入ることの結果として，大人から子どもへと生活文化を伝授しなくとも，とりあえず生きていけるようになった。

この一見便利な生活が，大人と子どもの関係を根底から揺るがすことになった。衣食住のほとんどをお金でまかなう生活では，時間をかけてじっくりと一つの物と向き合い，工夫して，物を有効に，器用に使いこなす必要がない。そのような現代の大人の生活は，子どもにはかつてほど魅力的ではなくなった。それだけではなく，日本に代表される近代化された便利な生活は，地球上のあちこちで資源を無駄遣いし，環境を破壊する原因になっている。

そのことを振り返ることなくしては，子どもと物とのかかわりを，適切に構想することは難しい。子どもはまだ食べられる食物，まだ使える家具・洋服・食器・本・おもちゃがごみとして捨てられるところを，毎日のように目の当たりにしている。なくした，ちょっと汚れた，やぶれた，壊れたくらいで，すぐ

＊ 大人から子どもへと生活文化が伝承されていった様子は宮本常一の『家郷の訓』（岩波文庫　青 164−2，1984）に詳しい。

に新しいものを買ってもらえる。暑さ，寒さはエアコンが解消してくれる。生活のあらゆる面において，工夫すること，大切にすること，我慢することの必要性がなくなりつつある。そのような現代の生活では，物・大人・子どもとの関係がかつてのようには成立しないのである。

現代の生活の中で，「物を活かす」，「物を大切にする」ということを，保育所・幼稚園等の生活を通して子どもが主体的に学び取るには，どうすればよいのだろう。これが，今後の大きな課題である。

(4)「もったいない」が教えること—物とのかかわりの再生を目指して—

先の課題を解決するためにまず，私たち自身の生活がどれほどの資源の無駄遣いをしていることになっているかを知ることが有効だろう。なぜなら，地球の環境をこれ以上悪化させないということが，人間の生存を保障する最低限の条件だからである。物を粗末にすることは，地球をだめにすることであり，物を有効に活用することは，地球環境をこれ以上悪化させないことにつながる。当然だが生存の保障がないところに，保育・教育は成立しない。

2004（平成16）年ノーベル平和賞を受賞したケニアのワンガリ・マータイさんは，日本人がかつて大切にしていた「もったいない」の精神を思い出させてくれた*。地球環境を守る世界共通の言葉として，「もったいない」を世界各地で広めている。この「もったいない」の精神は，かつて日本の生活の隅々にまで生きていた。

例えば，1枚の浴衣は，擦り切れるまで着用され，次に，赤ちゃんのおむつに作り直され，さらに，ぞうきんになった。セーターは何度も編み直され，作り替えられて利用された。包丁は研がれて長いこと使われ，まな板は時々削られつつやはり長年利用される。使わなくなった子どもの服は他家の子どもに回される。1本の大根は，皮も葉も余すところなく利用し，食される。

---

*　プラネット・リンク編『もったいない』（マガジンハウス，2005）には，マータイさんの思想・行動に基づき，現代生活の無駄遣いとそれを「もったいない」という視点で，どのように改善していくかが提案されている。

生活を通したこのような物とのかかわりが，実は先に述べた，物・大人・子どもとの関係を生み出す場となっていたのである。このような物とのかかわりが，子どもの興味・創造力へとつながっていったと考えられる。

「もったいない」の精神で，保育者自身が，物ととことんかかわり，工夫して使いこなすこと，それを子どもが見て学び，そこに参加する中から，物と子どもと大人との新たな関係が生まれてくるのではないだろうか。

3. 生き物とのかかわりに関する問題

(1) 生きるということ

多くの保育の現場では，ニワトリ・カメ・ウサギ・ハムスターといった生き物が飼育されている。それは，幼稚園教育要領等の領域「環境」に述べられている「生命の尊さに気付き，いたわったり，大切にしたりする」という内容にかかわっている。

では，「生命」とは何か，「生命の尊さ」とは何か*。この問いは，よくわかっているようでいて，実はたいへん難しい問題をはらんでいる。普段の私たちの生活の中では，「生命を大切」にするということは，まずは，その生命体を傷つけたり，殺したりしないこと，が慣習として暗黙の了解になっている。その中で，私たち人間は，実は尊いはずの「生命」を殺して食べることによって，自らの生命を維持している生き物なのである。いや，人間だけではない。生き物が生きるということは，植物・虫・動物など，必ず何がしかの生命を食い合うことによって実現されている。だから，「生命を大切にしよう」といったとたん，別の生命を殺して生きることの是非が同時に問われる。誰にとっても，生命は一つ，一回性の存在で，なにものにも代えようのないものなのだ。そして，それは，人間以外の生き物の生命についても同じことなのである。

---

* 柳澤桂子文・朝倉まり絵による『お母さんが話してくれた生命の歴史 1 ～ 4』（絵本）（岩波書店，1993）は小学校 5 年程度の学力で読めるので，生命の歴史を通して，生命の尊さをわかりやすく伝えてくれる。子どもとともに生命をどのように捉えるかを考える参考になる。

生きるということは，このような大きな矛盾の中に成立している。このことへのまなざしを抜きにして，「生命の尊さ」を子どもに伝えることはできない。

(2) 生き物を飼うということ

では，あらためて生き物を飼うということはどのような意味をもつことなのだろう。「生命の尊さ」を教えるための教材として飼われているわけだが，生き物の方から考えると，きわめて迷惑なことには違いない，それは虐待に等しいという考え方が存在する。ニワトリやウサギ・ハムスターなどは，家畜として飼育されるようになって久しいが，家畜だから，人間の好きなように扱っていいということにはならないというのである。

動物愛護運動はすでに19世紀の中頃，産業革命による環境破壊をきっかけとして起こっている。20世紀の後半に入ると，それは動物の生存権を守ろうという運動にまで発展する。生き物たちが，その生き物らしく生きる権利を保障することが目指されたのである。それに伴い，ウサギやハムスターなどの生き物を薬や化粧品の開発・実験に使うことの是非が問われるようになった。人間のために犠牲にすることは，生き物の生きる権利を阻害することになるという。

しかしだからといって，先ほどの生命の問題が解決するわけではない。教材として生き物を飼育することの是非を判断することを，ここから問うことはできない。相変わらず，人間は他の生き物を殺して食し，生きているのだから。この問題にすっきりと解決を導くような考え方はないようにみえる。そして，それこそが，生命の問題を考えていく上で重要な点といえる。

(3) 生き物と子どものかかわりを構想する

あらためて，生き物が自らの生命をつなぐために，他の生命を犠牲にしつつ生きているということについて考えてみよう。生命を大切にするということをどのように考えることが可能だろう。人間が考える限りにおいては，いかように考えても，人間本位の思考から抜け出すことはできない。想像するのは勝手だが，実際には，私たちがニワトリやウサギの立場に立つことはできない。

人間は，生き物は，自分の生命をつなぐために他の生命を食らう。生きるということが，いやでも抱え込むその矛盾と向き合っていくことでしか，「生命の尊さ」を伝える道は他にないのではないか。それは，具体的にいえば，人間を含めた，それぞれの生き物が，実際にどのように生きて生活して，死んでいくのかを知ることから始めることである。

例えば，生きるために生き物は，まず物を食べる。食べれば排泄行為がある。適度に動き，そして休息を必要とする。そして，やがて時が来れば生命を終わる。それだけではなく，新たな生命を生み出すことによって生命をつないでいく。生き物を飼育するということは，そのような生き物の生活全般とかかわることである。そこに，生き物としての自分と，他の生き物との共通点と違いに目を向けていく機会がある。

生き物とかかわることの意味は，生命の仕組みを知り，生きることそのものが大きな矛盾を含み込んでいることに，子どもなりに気付くことにあるといえる。それを援助する保育者が，まず，自分をも含めた生命に向き合い，考えることから始めることが必要といえる。「かわいい」という気持ちだけでは，「生命の尊さ」に気付くことにはならないのである。

4. 自然とのかかわりに関する問題

(1) 人間の生活と自然

自然とは何か。ここでもまず，この問いから始めよう。人間は古くから自然を利用し，自然とともに生きてきた。長い間，自然は無尽蔵にあるもの，人間がどんなに使っても，また新たに再生するものとみなされてきた。

ところが，21 世紀のはじめにあたる現在，地球上に人間が踏み込んだことのない，人間の手つかずの自然というのは，もうほとんど残っていない。そしてかつて考えられていたように，地球上の自然は無尽蔵ではなく限界があることがはっきりしてきた。空気も，水も，木々の緑も「自然」に存在するのではなく，すべてのものが様々に影響し合って，地球環境全体の生態系が成り立っていることがわかるようになってきた。さらに，そのために日本を含めた先進国と呼ばれる豊かな国々が，現在のような勢いで資源を使い続けると，様々な物を作り出すための資源とエネルギー資源が枯渇すること，温暖化により地球の生態系が大きく壊れ，再生不能になることが懸念されている。すでに，レイチェル・カーソンが1960（昭和35）年に指摘したように*，農薬の過剰利用，工場の廃液などで，魚やプランクトンが死滅してしまった河川・海がある。現在進行しているような，便利で快適な生活を続けていくと，地球環境そのものが壊れてしまい，近い将来人間が健康に生きることさえできなくなると予測されている。

(2) 自然保護運動と人間の生活

そのような中で，自然環境を守り，再生しようとする自然保護運動が各地で行われるようになった。ごみの分別収集など，私たちの生活にすでに入り込んでいることもある。だが，どれほど自然保護，自然再生を叫ぼうと，肝心のエネルギー消費，環境汚染は一向に減らない。むしろ，「開発途上地域」と呼ばれる国々が工業に力を注ぐこともあって，地球の環境は悪化の一途をたどっている。

問題は，一度経験した便利で快適な生活を，そう簡単に手放せないことにある。例えば，夏の暑いさなか，冷房を消して生活することはなかなかできない。その結果，それぞれのビルや家々から吐き出される熱気でヒートアイランド現象が起き，気温が上がる。すると，冷房はますます手放せなくなるという悪循環を生んでいる。さらに，その結果として，快適で便利な生活は，自然現象そのものから目を背けてしまうことにつながる。そのことが，子どもと自然とのかかわりを考えるときの大きな問題となる。

---

* レイチェル・カーソン著・青樹簗一訳『沈黙の春』（新潮社，1987）は，環境汚染を世界に先駆けて警告したもの。本書に出てくる薬剤の多くはすでに使われなくなっているが，河川・海の汚染はその後もとどまることなく広がっており，本書が発行されたあとも，多くの生物種が絶滅し，地球上から姿を消した。

(3) 自然とかかわるということ

自然環境が悪化しているとはいえ，自然がなくなってしまったわけではない。まして，自然物や自然の現象とかかわりなく暮らせるわけではない。ただ，多くの大人は，先に挙げたような現代の生活環境の中で，自然の現象に目を向けることさえ少なく，気付かないというだけだ。

例えば，保育者を目指しているあなたは，自然環境の変化にどのくらい敏感だろう。毎日の気温の変化，吹いてくる風を肌に受け止める感覚，光の移ろい，木々の葉の変化，道端の草花の姿，鳥のさえずる声をどのくらい意識しているだろう。虫，小鳥，草花の名前をどれだけ知っているだろう。また，子どもが自然の現象について，どんなに敏感で，優れた発見者であるかを知っているだろうか。

子どもにとって自然は，驚きと発見，そして遊びの材料の宝庫である。道を歩けば子どもは石ころを拾い，棒切れをつかむ。空を見ては，雲の動きに心を奪われる。窓のそばで光の動きに見入ることもある。足元に落ちた影を追うことに夢中になる。落ちている木の実や葉っぱを拾って集めることに夢中になる。虫を追いかけ，捕獲することにとても興奮する。

仕事や生活のあれこれに憂いのない子どもは，自然の現象を受け止め，楽しむ豊かな感性を本来もっている。それがレイチェル・カーソンのいうセンス・オブ・ワンダー*である。しかし，レイチェル・カーソンが指摘するように，子どもが自然とかかわり，自然現象のあれこれを心底楽しむためには，子どもの傍らに寄り添い，それを見守る大人が一人必要である。信頼できる大人が，子どもが興味をもって目にしたものにまなざしを向け，子どもの新鮮な驚き，感嘆に共感を示すことによって，子どもの発見は，真に「面白い出来事」とし

---

* レイチェル・カーソン著・上遠恵美子訳『センス・オブ・ワンダー』（新潮社，1996）。この本の最も大切なところは，すべての子どもが生まれながらにもっている「センス・オブ・ワンダー」，つまり「神秘さや不思議さに目を見張る感性」を，いつまでも失わないでほしいという著者の願いと，そのために必要なことは「わたしたちが住んでいる世界のよろこび，感激，神秘などを子どもといっしょに再発見し，感動を分かち合ってくれる大人が，すくなくともひとり，そばにいる」ことだという彼女の指摘である。

て子どもの内面に根を下ろす。その見守る大人の役目は，まさに保育者そのものである。

自然の現象に目を見張る子どもの感性は，またかけがえのない自然を守ろうとする気持ちに通じる。その意味で，もしかしたら，センス・オブ・ワンダーをもち続けることこそが，地球環境を破壊から救い出す唯一の方法かもしれない。

5．社会事象とのかかわりに関する問題

（1）大人のかかわり，子どものまなざし

大人は，日常の生活を通して，社会の様々な仕組みの中に位置付き，社会で起きている様々な出来事と，直接的にあるいは間接的にかかわりながら生きている。そのため，社会の仕組み，社会の出来事は，大人にとり重要な関心事であり，それらについて知っていることは，いわば大人の証でもある。

一方，子どもが子どもであるということは，社会の仕組みや出来事からひとまず無縁でかかわりをもたない，それらを知らないということにある。では，社会の仕組みや出来事に無関心であるかといえば，そうではない。むしろ子どもは自分の生活圏の範囲内で見聞きする社会の仕組みや出来事に大きな関心を寄せる。最初は，「あれなあに」と名前を聞くことからはじまり，やがて「何をするところ」，「なぜあるの」，「何でそうなってるの」，「あの人は何をしているの」，「それってどういうこと」と大人を質問攻めにしはじめる。そこに表れた興味・関心はお店屋さんごっこ，病院ごっこというような遊びに取り込まれることもある。そこに，子どもが社会の仕組みや出来事を理解し，その一員となっていくための主体的な学びが成立する可能性がある。そして先のような質問（興味・関心）や遊びを，保育者がどのように受け止め，より高次の理解へと発展する道筋を想定できるかが，その後の子どもの成長を大きく左右する。

(2) 子どもの興味・関心を知るということ

ところが，ここに現代の社会ならではの難しさがある。それは現代の生活環境の中では，子どもの関心が向かう社会事象が広範囲にわたるため，それを予測することが難しいのである。

かつてのように地域共同体を基盤とした生活の中では，子どもが移動できる範囲は限られていた。しかも，保育者も地域社会に生きる大人の一員であることが多く，保育者の生活圏と子どもの生活圏は重なる部分が多かった。同じ生活圏であれば，園外でも，保育者と子どもが出会うことも多い。したがって，子どもが出会うこと，見ることの予測がつき，結果として，子どもが興味・関心を寄せる範囲を，保育者は比較的容易に予測することができたのである。

しかし現代の日本の生活環境では，交通網・交通手段の発達により，子どもの生活圏が実際の距離の上でかつてなかった広がりをもつ。子どもは広範囲に移動する。また，保育者と子どもの生活圏が重なることはほとんどないことも珍しくはない。加えて，現代の社会は高度情報化社会である。メディアなどを通して，多様な情報を子どもは目にすることができる。後にもふれるが，昨今では，電車の中でまだ小学生にもならないような子どもが，いとも簡単にスマートフォンを操作している姿を毎日のようにみかける。そのような現状において，保育者が複数の子どもの情報体験の詳細までを確認することは不可能に近い。

さらに厄介なことに，保育所・幼稚園等ではバス通園が普及している。保護者と保育者が送り迎えを通して，1日に2回顔を合わせる機会がある場合は，家庭での様子と園での様子を話題に出し合い，子どもの興味・関心の背景を探ることもできるが，バス通園の場合はそれも難しい。バスに乗り，バスから降りるときに簡単なあいさつが交わされるのみである。

(3) 子ども理解のためにできること

では，このような現代の生活環境の中にあって，私たちはどうやって子どもの興味・関心の向かうところを知り，子どもの認識の世界を予測することができるだろう。さらにいえば，子どもが関心をもった社会の仕組みや出来事を理解していけるような活動をどのように想定することが可能だろう。

それは，私たち大人自身がまず，社会の仕組みや出来事に常に関心をもつことである。月並みなようだが，毎日の新聞に目を通し，時々は町を歩き，テレビの子ども番組にも目を向け，子どもたちが体験しているであろう，園外の環境に関心を寄せ，できるだけ知ろうとすることである。それと同時に，保育所・幼稚園等での子どもの活動を通して，的確な子ども理解を形成する方法をもつことである。さらに，大切なことは，今後の社会を生き抜いていかなければならない一人ひとりの子どもたちに，どのように育ってほしいかという願いをもつことである。

こう並べてみると，現代の生活環境においても，これまで築いてきた子ども理解と保育の原則に従って，子どもについての様々な情報を整理するということには変わりはないことがわかる。

6. 情報・メディアとのかかわりに関する問題

(1) 子どもが子どもでなくなる時代*

かつては，社会で起きる様々な出来事についての情報は，子どもの目に直接触れることはほとんどなかった。大人の社会と子どもの社会は一線が画されており，子どもは社会の雑多な情報から隔たったところで育つことができた。言い換えれば，情報をたくさんもっていること，新しい情報を先に知っていることが大人の証であり，情報をほとんどもたないこと，知らないことが子どもの証だったのである。子どもは，子どもが知らないでもいいこと，大人になればいやでも知らなければならないことから守られていたといえる。

先にも触れたように，現代は高度情報化社会といわれる。具体的には，テレ

---

* ニール・ポストマン著・小柴一訳『子どもはもういない』(新樹社，1985)。ポストマンは現代社会のメディアの発達が，「子ども時代」と「子どもの生活」を浸食し，子どもが子どもとして守られ暮らしていた時代の終わりを告げると警告している。

ビやインターネットを通して，瞬時に様々な情報が，家庭の中へも飛び込んでくる社会をさす。その情報量の多さは，私たちの予測をはるかに超える。そして，その多くはバーチャルな情報として瞬時に家庭に入り込んでくる。子どもにも，メディアを通して多くの情報が映像として届くようになったのである。そこには，子どもが知らなくてもいいこと，子どもに見せたくないものが多く入り混じっている。特に過剰な暴力シーン，過剰な音声は，柔らかな子どもの神経を刺激し，興奮させる影響力をもっている。よほど大人が気を付けていないと，それらは瞬時に子どもに届き，子どもをとりこにしてしまう。その意味で，現代の子どもは，過剰な情報の前に無防備であり，穏やかな子ども時代は終わりを告げたとさえいえる。

(2) メディアが生成するバーチャル体験

テレビ・DVD・インターネットなど，各メディアを通して，多様な情報が私たちの元に届くのは，当然のことだが，それはリアルな体験ではない。それがドキュメンタリーだとしても，ある意図の下に撮影され，編集されたものである以上，直に体験するものとは別物である。大人には，そのことは理解できる。しかし，幼い子どもには，映像の中の出来事が現実か非現実かの区別をつけることは難しい。

子ども向けの物語やゲームでは，単純な物語のパターンの中で，極度に誇張された，過剰なまでの激しい動き，音を伴った繰り返しが行われる。それによって，子どもは，まるで条件付けられたように特定の行為を繰り返すようになる。その行為の繰り返しは，ヒーロー・ヒロイン気分をあおり，行為の意味を問うこともなく，だれかれかまわず他者に向けてその行為が行われるようになる。保育所や幼稚園等で，乱暴な子ども，元気がよすぎる子どもとみなされるのは，そのような状態の子どもであることが多い。

しかし，ここでの問題は先に挙げたことにあるのではない。これまでこの第2章では，一貫して，子どもの興味・関心がどこにあるかを見極めることを保育の前提として，論を進めてきた。その流れに沿うなら，たとえそれがバーチャルな体験であったとしても，ひとまず，子どもの興味・関心が向かう対象として，ヒーロー・ヒロイン気分の行為の繰り返しを認めるべきなのである。問題はその流れに沿ったまま，子どもの活動を構想していくのか，それとも，別の方向に子どもが目を向けていくよう活動を構想していくのか，どちらを選択するかである。

子どもは，何にでも興味・関心をもつ可能性がある。多様な子どもの興味・関心の中で，子どもたちが十分に自己発揮できるような活動とは何か，それを，保育者自身がどのように見極めるかが問われることになる。

(3) メディアが操作する子どもの興味・関心

先のことを見極める手がかりとして，ここでは，子どもの興味・関心をあおる，企業の広告・宣伝戦略に触れておこう。

すでに触れたが，現代の生活環境は高度情報化社会であり，かつ生活は消費化している。そこで，企業の戦略として，いかに消費行動をあおり，商品の売り上げを上げるかが中心課題になる。そこに，メディアが活用される。例えば，悪者をやっつけるヒーロー物語がテレビで放映されれば，同時にそのキャラクターが包装に印刷されたお菓子・ふりかけ・ソーセージ・飲料水などが次々に発売される。さらに，おもちゃや洋服・歯ブラシ・弁当箱など，生活用品の隅々にまでそのキャラクターが使用され，生活のすべてがそれで埋め尽くされるまで，子どもの購買意欲はあおられる。また，現代の子どもは先にふれたように幼児でさえ，“スマホ”を上手に操ることができる。

実は，このような戦略は子どもの商品に限ったことではない。私たちの生活は消費化しており，何がほしいか，何を必要としているかというところまで，私たちは巧妙に操作されている。メディアによって多様な方法で幾重にも商品群を見せられることによって，個人的な好み，価値観までもが形成される。言い換えれば，どこまでが操作されたものか，どこまでが自身の真の価値観に基づいての行動，スタイルなのか，判別しがたいのである。

現代の生活環境の中では，子どもも大人も，確かな自己を確立するとはどういうことか，主体的に物事にかかわるとはどういうことかがたいへん見えにくいが，先のことに対応していくには，それを見極めていくしか方法はない。かつては「テレビに子守をさせないで」という言葉が流布したが，現代ではさしずめ「スマホに子守をさせないで」というところである。多くの親が電車やレストランなどで子どもを静かにさせるべく，スマホをあたえている。このことが子どもの成長にどのような影響をもたらすのか，今後をみていきたい。

7. 地域社会・文化とのかかわりに関する問題

(1) かつての地域社会・文化と子ども

かつて地域共同体が成立していた頃，言い換えれば地域社会が機能していた頃は，子どもの育ちと地域社会・文化は密接なつながりをもっていた*。そこでは，大人が協力して様々な労働を行ったり，近隣同士が助け合ったりして生活する姿があった。子どもはそのような地域社会の中で，子ども同士の集団を形成し，近隣で遊ぶ姿があった。その中では，大人たちは大人同士だけでなく，町内あるいは村に暮らす家々の子どもたちの顔を見知っていたので，実の親以外にも，子どものことを気にかけ，声をかけ，手をかけることが普通に行われていた。子どもは地域社会の大人に見守られていたのである。

子どもたちも大人たちの後ろ姿を見ながら様々なことを学ぶことができた。寄り合い，祭りなど地域社会の年中行事が定期的に行われ，それが地域社会の結束を固める役割を担っていた。

(2)「地域社会」が消滅した「地域」

現代の日本では，かつてのような地域社会はほとんど残っていない。行政上

---

* 高橋勝・下山田裕彦編著『子どもの〈暮らし〉の社会史―子どもの戦後五十年―』（川島書店，1995）。戦後の子どもの暮らしが，地域社会の中で豊かな自然と他者とのかかわりを通して営まれていた頃から，科学技術が進み生活が急速に便利になっていく中で，大きく変容を遂げる様が描かれている。かつての地域社会・文化と子どもの暮らしの様子，そしてそれがいかに子どもの育ちを保障していたかが確認できる。

のくくりとして「地域」は残っているが，人と人のかかわりを基盤とした「地域社会」ではない。また，祭りなども「地域」に住む人の総力で行われるのではなく，商店街の催しとして，あるいは「地域」内の特定の人だけが参加するものに変貌した。

このような変化の中で，かつてのような地域社会の人の結束力はなく，大人同士でさえ互いの顔を知らず，まして，子どもがどこの家の子どもであるのかもほとんどわからなくなっている。同じアパートやマンションに住む住人同士でさえそうである。もはや「地域」は子どもにとり，安全な場所ではなくなったのである。

また，徒歩で園に通うことが少なくなった現在，子どもにとって「地域」は，かつてのような面としての広がりをもつ，よく見知った場所ではなくなっている。徒歩で通園する場合は，保育所・幼稚園等と自分の家を結ぶ道に沿って，どこに何があるか具体的な場所・物を伴って，子どもの中に「地域」の具体的な図が形成され，子どもなりの土地勘が形成される。車社会といわれる現在では，それが難しい。

(3)「地域社会」の基点としての保育所・幼稚園等

このような現代の「地域」の中で，保育所や幼稚園等は新たな課題を背負うことになった。それは，保育所や幼稚園等を基点とした，近隣関係の形成という新たな課題である。保育所・幼稚園等はこれまで以上に意識的に「地域」との連携を図ることで，人のつながりを形成し子どもを見守る目を育てなければならないのである。

例えば，ある保育所では，子どもたちと近隣を散歩する，近隣の商店街に出かけ買い物をする，近隣の大人を園に招き子どもたちとの交流を図る，残っている「地域社会」の文化を意図的に子どもに伝えるなど，「地域」の実情に応じた取り組みが行われるようになった。そのことで，地域住民から「保育所の子どもの声がうるさい」という苦情がなくなったという。今では，園の夏祭りや運動会に，園児の家族だけではなく，地元の方を招待している。

先のことを行うためには，保育者自身が園周辺の歴史，環境を熟知すること，園周辺の近隣関係を育てるようなかかわりをすることが望まれる。「地域に開かれた園」は人を招くだけではなく，同時に「地域に出向いていく園」でもある。一例だが，筆者がかつてフィールドワーク（現地での研究，調査）に入った保育所では，保育者と歩けるようになった子どもたちとが，近隣をよく散歩していた。散歩の途中には，保育者に手を引かれて，高齢者が入居している施設の玄関先まで行き，「こんにちわ」とあいさつをしていた。玄関には何人かのおじいちゃん，おばあちゃんが出て来て下さり，子どもたちの頭をいとおしそうになで，「いい子，いい子」と言う。始めのうち子どもたちは，少し恥ずかしそうに，そして嬉しそうに，なされるがままの状態であったが，やがて自分たちから進んでその施設の玄関に行こうとする姿があった。このように，そのままでは，点でしかない保育所・幼稚園等の場所についての子どもの感覚が，実態を伴う広がりをもって育っている地域もある。

便利で合理的な現代の生活環境はうっかりすると，人間が生身の身体をもった生きた存在であることを忘れてしまう危険がある。子どもも保育者もできるだけ自分の足で歩いて，「地域」を実感すること，季節の移り変わりを肌で感じ取ること，そして，出会う様々な人たちと声を交わすこと，言い換えれば五感を駆使して人や物事と出会うことが何より望まれる。他者との関係がうすらいだ今だからこそ，そのことが子どもの成長に不可欠であると考えられる。

第３章 環境への興味とかかわり方の発達

本章では子どもの環境へのかかわりを発達との関連から考えてみよう。

1．乳児期における環境へのかかわり

(1) 環境へかかわる力をもって生まれてくる子ども

生まれて間もない乳児は大半の時間を眠って過ごし，欲求があれば泣いて知らせる。自分一人では体の向きを変えることすらできない。ミルクをもらったり，おむつを交換してもらったり，全面的に大人に依存して生きている。あらゆる面で未熟な状態にある乳児は，大人からの保護や世話を受けなければその命を保つことはできない。

しかし，だからといって乳児は決して無能なのではない。乳児は身の回りの環境を認識する力を生得的に備えており，身近な環境と積極的・能動的にかかわろうとする存在であることが，比較的最近の研究から明らかとなっている。

例えば，視刺激として図形を提示すると，生後１週間程度の乳児でも図形やパターンを弁別し，無地の図形よりもある程度複雑なパターンをもつ図形を好んで注視する[1)]。この研究から乳児が刺激を見分ける力をもっていることがわかる。さらに，乳児はすでに見慣れている刺激よりも適度に新奇な刺激を好むことも立証されている。また，三角形の図形を提示したときの視線の動きの軌跡（視覚的走査）を測定すると，三角形の一つの角に集中した走査が見られる。このような図形の特徴を検出しようとする反応も，生後間もなくより見られる[2)]。乳児は周囲の環境に対して好奇心をもち能動的に活動しているのである。

人間が環境と効果的に相互交渉する能力をコンピテンス（competence）という。乳児もコンピテンスを備えており，自分の行動が周囲に変化をもたらすことに喜びを感じる。例えば，乳児がガラガラをテーブルに打ちつけて音が鳴ったとしよう。ガラガラから出た音がその子の好奇心を惹きつけるばかりでなく，ガラガラを打ちつけたという自分自身の行動によって音が鳴ったという変化を引き起こせたことに喜びや満足感を感じる。このような自分のはたらきかけで環境を変化・変容させることができるという経験が，自己効力感（自分は自分に好ましい結果をもたらすために必要な行動をとれると感じること，自分が行動の主体であるという確信）を育てていく。

(2) 探索活動のはじまり

子どもは生後2か月頃から動く人や物を目で追う（追視する）ことができるようになる。3か月半ばを過ぎると首がしっかりとすわってきて，興味があるものを首を回して見ようとする。4か月頃には仰向けに寝ている状態で正面に玩具を出されると「みつけた！」という目の輝きが表情に表れるようになる。4，5か月頃からうつ伏せ（腹ばい）でも頭を持ち上げ，両腕をつっぱって上肢を支えることができ，この姿勢で興味あるものをとろうと手を伸ばすこともある。4か月頃になると小さな積木などを手のひら全体で握ることができる。

さらに，6か月頃に支えすわりができるようになり，7か月頃にはひとりすわりができるようになる。座位の獲得により，広い視界の中で対象をしっかりと捉え，安定した姿勢で両手を用いてじっくりとかかわることが可能となる。7か月頃には，親指，人さし指，中指ではさんで持つことができるようになり，11か月頃には親指と人さし指で小さな物をつまむこともできる。握る，はなす，めくる，つまむ，両手でたたき合わせるなど，手指の発達に伴い自分から物を扱えるようになると，子どもと身の回りの物とのかかわりは多様になる。

0歳の後半になると玩具や身の回りにある物をつかんでたたきつける，振り回す，打ち合わせる，左右に持ちかえる，ひっくり返す，開け閉めするなどの探索活動が活発に行われるようになる。この時期には愛着を感じ信頼を寄せている大人がそばにいるときの方が探索活動も活発に行いやすい。

時として大人には予想もつかないような驚くことも展開される。ちょっと目を離した間に，テーブルの上にマヨネーズを搾り出したり，ティッシュを箱から次々と引っ張り出したりする。力を入れたり引っ張ったりすることで中身が次々と出てくる様子が子どもの好奇心をそそるのだろう。また，この時期の子どもは何にでも手を伸ばし，手にしたものは口へ運ぶ。大人が慌てて「お口に入れてはだめよ」と子どもの口や手から引き離すこともよくある。このような子どもの行動は手当たり次第に物をいじっているように見えるかもしれないが，よく見てみると少しずつ行動の内容を変化させている。例えば，玩具の鍋の中にブロックを入れたり出したりしていたのが，ふと気が付くと，ブロックを入れたあとに鍋にふたをするようになっていたりする。

目，耳，口，手などの感覚器官を用い，子どもは様々な体験を通して身の回りにあるいろいろな物の手ざわり，形状，性質を知っていく。そして大人の物へのかかわり方を見たり大人から教えられたりすることで，その物本来の用途や扱い方を学んでいく。

歩行を獲得すると，子どもの活動の範囲はますます広がる。乳児期後半には自分の欲求や気持ちに従って自分自身が移動し手を伸ばすことで，人や物とかかわることができるようになる。つまり，目的的にかかわることができるようになり，自我が芽生えはじめる。身近な人や物とかかわることを通して子どもは自分が外界（環境）とは違う存在であることに気付き，このことが「自分は誰なのか」「自分とは何か」ということの理解へとつながっていく。

2．幼児期前半における環境へのかかわり

(1) イメージ遊びの展開と物へのかかわりの広がり

1，2歳児の遊びは，親しい大人の模倣であることも多い。模倣とは，身近な大人や親しい人の動きをイメージとして取り込んだものの表現である。この時期には子どもの中に最初から模倣したいもののイメージがはっきりとあって

表現するのではない。イメージは物と出会い，身体的にかかわる中ではじめて生まれるのであり，それが明確になったり変化したりしていくことで遊びが進行していく。例えば，子どもが壊れて使えなくなったオーブントースターの扉を開け閉めして遊んでいたとしよう。やがてその子は，オーブントースターに玩具を入れ，扉を閉めてタイマーを回すという遊びを始めた。それは予め玩具を中に入れてタイマーを回すことを企図していたというよりも，オーブントースターの扉を開け閉めしているうちに，オーブントースターでパンを焼く母親の様子がイメージとしてわいてきたと考えられる。そのイメージをもとに自分の手持ちの玩具を入れ，タイマーをセットする仕草まで再現したのである。

幼児期前半は，探索活動からイメージによる表現遊びへと移行していく時期である。例えば，お手玉をおにぎりに見立てて皿に盛り，「はい，どうぞ」と出す。また，お母さんになったつもりでエプロンをつけて買い物かごを持ち「お買い物に行ってきます」と保育者に伝える。最初の頃は断片的な見立て遊びやつもり遊びであるが，3歳頃になると本格的なごっこ遊びが展開される。このような遊びができるようになるのには，言葉の獲得も関与している。さかんに「これなあに？」とたずねる様子が見られるが，子どもは物に名前があることを知り，言葉という手段によって身の回りの環境や自分自身の行動の意味をつかむ力を育んでいるのである。

ごっこ遊びでは，物に与えるイメージを子ども自身が決めることができる。お手玉は家庭で作られたおにぎりになることもあれば，「赤ずきんちゃん」のオオカミのおなかに入れられる石になることもある。このように，ひとつの物でも遊びの中でのイメージに合わせて多様な意味をもち得る。また，ごっこ遊びを行うために子どもは身近にある物に手を加える。トイレットペーパーの芯のような廃材も二つ併せて双眼鏡を作ったり，立てて造花を入れればテーブルを飾る花瓶になったりする。遊びを通して子どもは発想を豊かに広げ，身近な物との多様なかかわりを経験する。

イメージを内面に取りこむことができるようになると，親しい大人とのかかわりも変わってくる。3歳頃では，慣れた場所である程度の時間であれば，親や保育者がそばにいなくても不安に陥ることなく遊んでいられるようになる。

(2) 環境へのかかわりと自我の育ち

幼児期の前半には，自分でやりたい，自分の思い通りに試してみたいという強い気持ちから，まだ難しいことへ挑戦していくこともある。牛乳パックからみんなのコップに牛乳をつぎたくて「○○ちゃんが（やる）！」と主張してやってみると，牛乳パックの傾きを上手に調節することができずテーブルを牛乳で水浸しにしてしまう。また，自分が玄関の鍵を開けようと思っていたのに親に先に開けられてしまって大泣きし，結局最初からやり直して今度は自分が鍵を鍵穴に差し，ドアノブを回してドアを開くところまでやる。

このような姿は時に大人を困らせ，強情やだだこねと受け取られることもある。しかし，これは「じぶんで」という自我の育ちの証であり，自立へと向かう姿である。このような経験の中で子どもは意欲を育て，同時に運動能力を伸ばしたり，物事の性質や扱い方について知識を得たりしていく。自分の思いに従って存分に周囲の環境へ挑戦することを通して，子どもは成長する。探索活動や遊びは，子どもが最も能動的･主体的に身近な環境へかかわる営みである。

3. 幼児期後半における環境へのかかわり

(1) 知的好奇心や探究心の育ち

幼児期後半になると，事物や自然に触れ，驚きや感動で心を揺さぶられる経験が，子どもを探究へと駆り立てる。幼児期の子どもの場合，探究するあるいは理解するということには，前提としてその対象に興味や感動をもっていることが必要である。

身の回りにある様々な事物の中でも，特に自然物には心を惹かれる。例えば砂は，掘ったり高く積み上げたりできる扱いやすさに加え，その日の天気や日当たりや自分たちが流し入れた水の量によって，手ざわりや形状などの性質が巧みに変容するところに魅力があるのだろう。

砂場で湿らせた砂を小さな容器に入れ，ひっくり返す。崩れずにきれいな形ができれば嬉しいし，少しでも崩れると「あーあ…」とがっかりする。そこで，きれいに型抜きできるためにはどうすればよいのか，何度も何度も試行錯誤を重ねることになる。そのうちに，サラサラすぎてもいけない，ドロドロすぎてもいけないことから，砂に含まれる水分量が重要であることに気付くだろう。砂をぎゅっと容器に詰め，型抜きをするときに容器をそっと真上に持ち上げるというコツもわかってくる。また，容器の形についても，角が多いと崩れやすいことに気付き，丸みの多いドーム型のものの方が円柱型や他の形よりもきれいにできやすいことを発見するかもしれない。

ある行為を繰り返すことで，子どもは「自分が○○すると，事物は～になる」という予測や見通しを立てられるようになる。そして，この予測が本当かを確かめることが楽しみとなり，その事物への興味がますます強くなる。また，同じような行為を繰り返す中でも子どもはかかわり方を少しずつ変えていく。「○○すると」という自分の行為を変化させると「～になる」という結果も変化する。小さな変化であってもこのような環境の応答性があることが，さらに子どもの興味を駆り立てる。興味に基づき，時間をかけて対象へのかかわりを深めていくことは，その事物の性質や仕組みを理解することへつながっていく。ものにかかわることの意義には，単に珍しい，面白いというだけではなく，自分の力で活動をより高いレベルにしていけることの満足感や達成感が含まれるのである。活動を高度なものにするために子どもは自ら考え，工夫する。幼児期後期には，自分で自分を励ましながら活動に取り組む姿も見られるようになる。

幼児期の子どもの場合，「考える」という営みは，頭の中でのみ行われることではなく，具体的な事物に対して身体的かかわりをもつプロセスの中で進められる。4歳半を過ぎる頃には言葉が思考の道具となり，自ら考え工夫することも得意になってくる。まだひとつの物事に対して多様な角度から考えることはできないが，何度も何度も繰り返しやる，思いっきり力いっぱいやる中でいろいろな試みを行うところで気付きが得られる。このようにして子どもは物事の性質や法則を探究するのである。

(2) 児童期へのつながり

児童期への移行という点から考えれば，幼児期は小学校以降の生活や学習の基盤をつくる時期だといえる。

乳幼児期の探索活動や遊びには予め決められた展開はなく，ある程度までは子ども次第であるのに対し，小学校以上の授業では，教師が立てた授業計画に沿って教材や授業内容が前もって定められているという違いがある。しかしこの違いは，両者を対立させ，幼児期の遊びの中での学びから児童期の授業を中心とする学びへの移行を困難にするものではない。

環境へのかかわりに関連して，幼児期から児童期へのつながりを考えよう。

1) 生活や学習の基盤となる意欲や自信を育てる

幼児期には関心をもって対象へかかわり，そこから様々な気付きを得ることを楽しむ力が養われる。その力が育っていれば小学校での授業の枠組みの中でも，教師が用意した授業内容や教材に対して「何をするんだろう」「何が始まるんだろう」と期待をもって臨める。そして授業で実際に取り組む中で「知りたい」という興味や意欲は具体的で確かなものとなる。そこに教師の導きがあることで気付きや理解がぐっと深まることもさらに子どもを惹きつけるだろう。

子どもは3歳を過ぎる頃から，何事かに取り組む中で自分の思いや目標が達成されたとき，「できた」という結果の喜びに加え，自分の行為と結果を結び付け「自分でできた」という自力で成し遂げたことへの手応えを強く感じるようになる。このような手応えの積み重ねが子どもの内面に自信を培う。こうして育まれた自信は様々な活動に積極的・主体的に取り組む際の意欲につながる。

2) 学力の基盤となる感性や創造的思考力・理解力を養う

子どもが身の回りの物事や事象に対して積極的にかかわることから，そこで感じた驚きや感動をもとにさらにかかわりを深め，物事の本質的なあり方や仕組み（法則）に迫っていくという態度や能力が養われる。身近な環境にかかわることは，子どもの感性を養い，知性を伸ばす。

子どもは4歳を過ぎると外界（環境）の仕組みや成り立ちに強い関心を示す。「植物はいつの間に大きくなっているのか」「青い空の向こう側はどうなっているのか」など，目では直接見えない世界を感じ，思いをめぐらせるようになる。思考の対象に広がりを見せる子どもたちは，自分が生活している具体的世界を軸に，年齢とともに少しずつ抽象的な思考の世界へと足を踏み込んでいく。幼児期には具体的な対象から何らかの発見や気付きを得る力や，どうなっているのか，なぜなのか，別の場合にはどうなるのかなどを考え理解する力を育てておくことが，小学校以降での学習の基盤となり，学力の基礎となる。

3）自己制御力を養う

自分の意志に基づいて周囲の環境にかかわることや好きな遊びを展開していくことは，いつでもすべてを自分の思いのままにするということではない。人間の思い通りにならないもの，人為を超えたものの代表が自然や生命だろう。

公園でてんとう虫を見つけ，嬉しくてたまたま持っていたビニール袋に入れて持ち帰る。ところが，家に帰って見てみると，ビニール袋の中でてんとう虫が死んでしまっていた。生命を自分の思いのままには操れない，このような経験を積んだ子どもは，捕まえた虫を手の中でじっくり眺めたあとで元の葉の上に戻したり，予め虫かごを用意したりするようになるだろう。

自分の意志に基づいて環境にはたらきかける中で，多かれ少なかれ思い通りにいかなかったり，困難にぶつかったりする。その時に癇癪を起こして投げ出してしまうのではなく，何とかしてその問題を解決しようと考え，工夫する。あるいは自分の思いを多少変更してでも，最終的に納得でき満足できるところで自分の思いを実現することが子どもにとって意味ある経験となる。

自己抑制とは，外側からの規範やルールに従って自分を抑え込み，我慢を強いるということではなく，相手（環境）に合わせて自分の対応の仕方を柔軟に変えることで自己発揮を可能にするものである。

幼児期に自主的・主体的に環境にかかわる経験を積み重ねることは，自己抑制力を育て，それ以降の生活の中での自己発揮を支えていく。

4）文化としての環境に対する感覚を養う

環境の文化的側面に注目すると，幼児期は文化の中で物がもつ意味を知る時期である。例えば食事の際には箸を使う。幼い頃には箸で茶碗をたたいて音を出すことが楽しい。しかし，その行為は大人から「お箸はそんな風に使うものではないよ」と止められる。子どもは日々の生活の中で，箸を正しく持てるようになるだけではなく，箸は食べ物を口に運ぶための道具であるという認識や，マナーに適った使い方なども身に付けていく。身近な物とかかわるということには，社会の文化を吸収していくということが含まれる。

環境の文化的側面というとき文字や数も重要である。多くの子どもは幼児期にある程度文字の読み書きや数を数えることができるようになる。しかし，幼児期には正しく文字を書けることや計算できることが求められるのではない。子どもは生活の中で文字や数に触れることを通して，その便利さや必要性を実感しながらそれらがもつ意味や役割を理解していく。この具体的経験の中で培われた感覚や理解が，小学校以上での文字や数を用いた学習の基本となる。

4. 発達を支えるもの

(1) 発達とは何か

これまでにも述べてきた通り，子どもは興味をもって身近な環境にかかわる中で物の名前や性質などの知識を得たり，思考力や運動能力を伸ばしたりする。発達とは，時間の経過に伴う心身の変化をさすが，それは，生体の成熟と環境内の人，自然，事物，出来事などとの相互作用の結果として進む。つまり，子どもの発達は生活の中で物や人とかかわる経験を通してこそ実現されるのであり，環境との相互関係を抜きに考えることはできないのである。

(2) 発達を支えるもの

1) 情緒的に結び付いている大人がいること

子どもは最も重要な人的環境として，愛着を感じ信頼を寄せる大人を必要とする。その存在があることで子どもは安心して過ごすことができる。情緒が安定すれば子どもは自ずと関心を外界（環境）に向け，探索活動や遊びを活発に行うことが可能となる。その活動の中でどうすればよいかわからないとき，困ったとき，怖いときなどはその大人のところへ戻っていく。この安全基地があるからこそ，子どもは果敢に外界（環境）へ挑戦していくことができるのである。

子どもと大人の間に愛着や信頼が成立するには，両者で応答的・共感的かかわりが展開されることが不可欠な条件となる。それは子どもが何らかの欲求やはたらきかけを表現しているときにタイミングよく応答することであり，また，子どもの感動や喜び，がんばったことや悔しい気持ちに心から共感を寄せることである。そばで見守りながら，言葉と身体全体とで子どもの気持ちに自分の気持ちを重ねられるようなかかわりが子どもの発達を支える。

さらに遊びや生活の中で子どもと一緒に考え，気付きを促し，難しいことには手を貸すことで子どもの活動が高次なものへと進み，探究心が深まるような大人の援助も必要である。

2）安全が確保された上で，子どもの興味・関心が喚起され，好奇心や探究心が駆り立てられる物的環境や自然があること

子どもの生活の場ではまず安全が確保されなければならない。その上で，子どもの興味や関心が喚起され，また，好奇心や探究心を深めていくに足る環境が求められる。そのためには，子どもの発達の様子にあった玩具や遊具，生活用品が用意されていることに加え，子どもの動きに合わせ室内外でのそれらの配置の仕方にも配慮が求められるだろう。また，現在の社会では，自然や生き物とかかわる機会を意識的に設ける努力も必要である。

3）同年齢・異年齢の子どもがいること

子どもは乳児の頃より同じくらいの年齢の子どもに興味をもつ。子どもにとって周囲の子どもは心惹かれる存在といえる。

幼児期に入ってからも友達の行動や作品がモデルになり「私もあんな風にしたい」と子どもの意欲を呼び起こす。特に年上の子どもは憧れを抱く存在であり，自分の知らないこと・難しいことへの挑戦や成長への意欲を駆り立てる。

子どもとのかかわりをもつことには，大人との関係の中では体験できない社会性の発達の契機が含まれる。友達と過ごすことの楽しさを感じる中で，自分の気持ちと相手の気持ちがいつも同じではないことを知り，自分の気持ちや主張を調節することを学ぶ。また，幼児期後半になれば，友達に認められることが嬉しく，自信を育てていく。身近な子どもも重要な人的環境なのである。

4）子どもの自由な意欲やそれに基づく活動が尊重されること

子どもが積極的・主体的活動を展開していくためには，子どもの意欲やそれに基づく活動が尊重されなければならない。物的・空間的環境に加え，時間的環境*が保障されることで，子どもは事物とじっくりと思う存分かかわることができ，自己を発揮できる。

子ども自身の活動が尊重される中では，できる限り何の制限もなされないこと，失敗が許されることが重要である。制限があまりに多い状況の下では，子どもの思いの実現は困難である。また，失敗が許される状況や雰囲気の中でこそ，子どもは様々に試行錯誤を繰り返すことができる。このことを通してより高度なことや難しそうなことにも挑戦しようとする気持ちや，自分で満足できるまで粘り強く取り組む姿勢が培われる。そして，何度も何度も挑戦することによって，いつの日かその課題を克服できるのである。

■引用文献

1) Fantz,R.L.：The origin of form perception. Scientific American, 204, pp.66－72, 1961

2) Salapatek, A.J., & Kessen,W.：Visual scanning of Triangles by the human newborn. Journal of Experimental Child Psychology, 3, 1966

■参考文献

無藤隆・高橋恵子・田島信元編：発達心理学入門㈵，東京大学出版会，1990

今井和子：自我の育ちと探索活動，ひとなる書房，1990

無藤隆：知的好奇心を育てる保育，フレーベル館，2001

＊　時間的環境：例えば何かを作るとき，時間に追われながら作り上げるのと，時間を気にすることなく満足できるまで取り組めるのとでは，子どもと事物のかかわりの質や子どもにとってその経験のもつ意味が異なってくると考えられる。保育においては時間もまた，子どもにとって重要な環境なのである。

第４章 子どもの活動を引き出す保育環境

1. 保育環境とは

保育環境とは，保育するための環境である。つまり，それは子どもにとっての育ちにつながる意味ある環境でなければならない。どんなに美しく飾られていても，子どもが手出しできないような環境では保育環境とはいえないのである。では，どのような環境が，子どもの育ちにつながる意味ある環境となるのか。保育環境の条件を考えてみよう。

(1) 自分の居場所として感じられること

保育環境の条件としてまず挙げられるのは，「自分の居場所として感じられること」である。入園当初は，まだ幼稚園や保育所等に慣れないため，保育室を自分の居場所として感じられず，泣き出したり遊び出せずにいたりする子どもを見かけることが多い。そのような子どもにとって，保育室はまだ保育環境になっていないといえるだろう。

けれども，保育室に自分の好きなおもちゃがあり，優しい保育者が温かく自分を迎えてくれることがわかると，保育室は次第に居心地のよい場所に変化してくる。不安や恐怖を感じることなく，心穏やかに過ごせるようになるのである。

自分の通う園や保育室が，自分にとって居てもよい場所，安心して居られる所と感じることができれば，子どもは安定して自由にふるまうことができるようになる。そしてようやく，園はその子にとって保育環境となり得るのである。

(2) 遊びたくなる環境であること

保育は子どもの主体的な活動があってこそはじめて展開されるものである。だから，子どもが興味をもって触れたくなるもの，やってみたくなる遊びを含んだ環境でなければならない。

4月の保育環境としては，家庭で遊び慣れているであろうブロックや積木，ミニカーやぬいぐるみなどをすぐ手に取れるところに出しておく園が多い。また，砂場に作りかけの山を準備し，バケツやシャベルを出して遊びかけの状態にしておくこともある。子どもが興味をもつと思われる動物のおめんやきれいなバッグを作ることができるコーナーを設定する場合もある。これらは，子どもが遊びたくなる環境を用意しているといえるだろう。

(3) 試すことができる環境であること

子どもが何かをやってみたいと思ったら，それに挑戦したり試したりすることが十分できる環境であることが重要である。やってみたいことはあっても，失敗すると叱られたり，元の状態に戻すことを課せられたりする状況にあっては，子どもは存分に活動することはできない。たとえ，紙を切りすぎたり用具を壊したり場を汚したりしても責められず，そこからやり直せる状況であることが望ましい。

また，遊びに必要な物を自分で選べる環境であることが求められる。例えば，大きさや厚さや色の違う紙，素材の違うカップ類や空き箱，長さの違う釘などが何種類も用意してあるとよい。今，自分のやろうとしていることに最も適切なのはどれかを，自分で考えて選択できる環境が子どもには必要なのである。そして，結果よりもやろうとしたことを認めてくれる保育者，失敗しても責めず，「残念だったね。どうしてうまくいかなかったのかな。次はこうしてみる？」と，アイデアを出し合える関係の保育者が側にいることが望ましい。子どもは失敗から学ぶことの方が多いのである。自分でやってみることのよさ，試してみることのよさを味わえる環境であることが保育環境としての重要な条件となる。

2. 子どもにとっての園環境

(1) 子どもにとっての保育室

1) 情緒安定の場

保育室は，園の中でもっとも安定できる場であろう。自分の持ち物を置く棚があり，壁の誕生表には自分の名前や写真が飾られている。子どもにとっては園生活の拠点となる場である。「私は○組の一員である」という所属感も感じ，そこを「私たちの部屋」と思っているだろう。隣の保育室に入るときには少しの緊張と遠慮があるが，自分の保育室ではまったくそのようなことは感じず安定して過ごすことができるのである。

また，保育室は担任の先生がいる場という側面も大きい。困ったときには力になってくれる保育者がいる場として，子どもたちは認識している。だから安心して園庭やホールで遊ぶことができるのである。そして，必要なときには保育者を求めて保育室にやってくるのである。

2) 使いこなすことができる場

自分が所属する保育室では，何がどこにあるかだいたい知っており，必要に応じて自分で出して使うことができる。ホッチキスはどこにあるとか，使い残した紙はどこにしまうかということを，毎日の生活の中で理解している。遊びたいと思ったら，自分で材料を用意して始めることができるのである。

最近では，手洗い場やトイレも各保育室，または二つの保育室の間に敷設されていることが多い。スリッパに履き替える，手を洗ったらタオル掛けの自分のタオルで拭くなど，自分たちの場として使いこなせるようになっている。

つまり，いちいち保育者にたずねなくても，自分の力で環境とかかわることができるのである。身体で知り尽くしており，ためらうことなく当たり前に行動できる場になっているのである。

3）多目的に使われる場

保育室は日に何度も表情を変える。朝の顔，遊びが盛り上がってきたときの顔，片付け後の顔，クラスのみんなで話し合うときの顔。時にはお楽しみ会やコンサートの会場になったり，絵本や紙芝居のお話の部屋になったりすることもある。ランチルームのない園では，昼食をとるのも保育室であることが多いだろう。

このように，保育室は多目的に使われるところであり，子どもたちも今はどのような使い方がされているかを敏感に感じ取り，それに合わせて行動しているといえよう。

(2) 子どもにとっての廊下・テラス

1）開かれた遊び場として

大人にとっては他の部屋へ行くための通路にしかすぎない廊下やテラスも，子どもたちにとっては遊び場となることが多い。近年では，その機能に着目し，遊びが展開しやすいように広いスペースを確保している園もある。しかも，他のクラスの子どもの目に触れることも多いので，お店屋さんや劇場のようなお客さんに来てほしい遊びは，好んでこのような場所で展開される。

また，テラスは明るく風通しもよい。園庭で遊んでいる子どもも気軽に立ち寄れる場所である。水を使用したジュース屋さんごっこなどは，水をこぼしても気にならないテラスで展開されることが多い。

2）保育室を意識しながらも別の空間として

保育室で友達とトラブルになり，保育室に居づらくなった子どもは，廊下やテラスで遊びを始めることがある。また，保育者の干渉をあまり受けたくないと思っている子どもも，この場を好む傾向にある。廊下やテラスは保育室とは別の空間にいながらも保育室で起こっていることは知っていたいという気持ちを満足させてくれる場なのである。そのような子どもは，時々保育室をのぞきながら，また自分の遊びに戻っていくという行動をとる。

他のクラスや園庭で面白いことが始まると，いち早くキャッチして遊びに出かけるのは，廊下・テラスを本拠地としている子どもであることが多い。情報が受け取りやすい場なのである。

このように，廊下・テラスは，情報量が多く保育者の干渉を受けにくい場として，居心地のよい子どもたちの居場所，遊び場のひとつになっている。

(3) 子どもにとっての遊戯室・ホール

1) 儀式の場として

子どもが初めて遊戯室やホールと出会うのは，入園式の時であろう。在園児や保育者，保護者に拍手で迎えられ自分の席に着くのである。人がたくさんいて，華やかな雰囲気の広い場所だと子どもは感じるであろう。また，修了式も同じ場で行われることが多い。年長児の3月は何日間か，修了式のための練習をすることにもなる。そのときは，遊戯室・ホールは静かにしていなければならない厳粛な儀式の場となっている。

その他，毎学期の始業式・終業式も，園の全員が同じ場に集まって催される儀式であり，お話しを静かに聞くところとして子どもたちに経験されている。

2) 運動的な遊びができる場として

日常の遊戯室は，子どもの遊びのための広いスペースとして存在する。クラスの全員が担任に引率されて来るときにだけ使用できる園もあるし，担当の保育者がいつもいて，いつでも来たいときにどのクラスの子どもも遊べるようにしている園もある。

子どもは遊戯室を，保育室にはない大型箱積木で遊べる場として，鉄棒や巧技台を組み合わせてアスレチックを作れる場として，みんなで鬼ごっこやボール遊び，なわとび，トランポリンができる場として認識している。つまり，障害物のない広い空間が，跳んだり走ったりという運動的な遊びを可能にするのである。

3) 発表会やパーティの場として

遊戯室は年に数回，舞台・幕・スポットライトを使用し，子どもたちの劇遊びや歌や合奏の発表会の会場となる。保護者も大勢客席に集まり，いわば劇場のような雰囲気になる。子どもたちにとっては，スポットライトを浴びて歌ったり衣装を付けて演じたりすることにより，晴れやかな特別の場として経験される。

また，七夕会やクリスマス会，新年の集いや豆まき会など，様々な行事の度に全園児が集う場としても使われている。時には会食をすることもあるだろう。そのような時は，皆が集まって楽しむ場になると子どもたちは捉えている。

その際心がけたいことは，保育者がすべてを企画し準備するのではなく，自分たちの手で運営している行事であることを，子どもたち自身が感じ取れるようにすることである。この会ではこんなことをやりたいとアイデアを出したり出し物の準備をしたりすることも主体性を育てる大切な活動である。看板作りや飾りつけなども子どもたちとともに行いたい。当日，マイクを握ってアナウンスしたり小さい子を誘導したりする場面も，育ちにつながる経験として大事にしたい。

(4) 子どもにとっての園庭

1) 開放感を感じられる場として

園庭はまず，広くて天井がない。見上げればどこまでも吸い込まれそうな空があり，陽射しがあって明るい。風を感じるとさわやかな気分になるし，木陰は温かく包み込んでくれるような感じがする。

園舎内とは違い，園庭にはさえぎるものがない開放感がある。友達とトラブルになったり，思うように物事が進まなかったりしたとき，気分が落ち込んでいても園庭に出るとその開放感のおかげで，いやされたり気分を変えることができたりするのである。

2) ダイナミックな遊びの場として

園庭には，運動的な遊びができるようにスペースが確保されている。運動会を園庭で開催する園も多いだろう。小さなトラックがあり，リレーやサッカー，ドッジボールもできるようになっている。思い切り身体を動かして遊ぶのに大切な場であり，運動能力をのばすことにもつながる。

また，ブランコやすべり台，ジャングルジム，鉄棒，雲梯といった固定遊具も設置されている。そこでは力を試す遊びをしたり，そのひとつを基地としてごっこ遊びが展開したりする。

ブランコの取り合いが常に起こっている園があるという。入園初期にはそのようなこともあるだろうが，5歳児になってもブランコの取り合いをしていると聞くと，他に熱中できる遊びはないのかと心配になる。手軽にスリルを味わえる遊具ではあるが，他の遊具も魅力ある遊びが展開するよう工夫したい。さらに子どもの動線を考えて，有機的に遊具が使われるような配置を熟慮する必要があるだろう。

3）自然とふれあう場として

屋外で自由に遊べる空間が少なくなっている現在，園庭は自然とふれあう場として貴重である。園庭には木や草花がある。木登りができる木，森のような雰囲気の一角がある園もあるだろう。草のじゅうたんで転がったり，筍を掘ったりできる園は理想的である。

砂場や赤土山は，ひとりでも水でこねて団子を作ったり型抜きをしたりして遊べるし，大勢で工事現場ごっこや海山作りなど，大がかりな遊びも展開される。水や砂，土，石に身体ごと存分にかかわらせたい。

また，園庭には様々な生き物が顔を見せる。アリ，ダンゴムシ，チョウ，トンボ，アメンボ，バッタ，カマキリ，コオロギなどの虫や，ミミズ，ナメクジなどもいるし，時には小鳥もやってくる。それらの生き物を見たり捕まえたりかかわったりすることでそれぞれの特徴を知り，さらに生命の存在を実感できるだろう。

さらに，園庭では，光や風，雨や雪，気温の変化，自然のにおいを感じることができる。このように，五感を通して自然を感じることのできる環境として，園庭の役割は重要である。

4）異年齢の子どもたちと出会う場として

園庭は，どのクラスの子どもも自由に遊んでよい場所として，子どもたちに認識されている。だから，昨日遊んでいた砂場を他の子どもが使っていても，

わあ，みんなの遊びがよく見える

「だめ！」とは言わない。その子たちにも使う権利があると感じているからである。

3歳児が5歳児の保育室に入って遊ぶには，緊張がとれるまでに時間がかかるが，園庭では，お互いに普段の自分で出会うことができるよさがある。そこでは，年下の子どもは年上の子どもがしている遊びをよく見ていて，あこがれの気持ちをもったりまねてやってみようとしたりする。5歳児は年下の子どもを仲間に入れてやったり遊びを教えたりする行動が多くなる。

このように，園庭で異年齢の子どもたちが出会うことは，それぞれに成長できる体験をもたらすことが期待できるのである。

3．環境としての空間

(1) 十分に活動できる空間・かかわりが生まれる空間

子どもたちが十分に活動するためには，ある程度の空間の広さが保障されていなくてはならない。おうちごっこをするのにも，テーブルが置けるスペースや，料理しているお母さん役の子どもの後ろを通り抜けられるスペースがなければ，遊びは成立しない。つまり，ひとつの遊びが成立するためには，その遊びができるための広さが必要なのである。

また，遊びと遊びの間にも空間が必要になる。隣で積木遊びをしている場合，おうちごっこの人々が玄関から出かけようとするたびに，積木にぶつかって壊してしまってはトラブルとなり，遊びが続けられないからである。だからといって広ければいいかというと，広すぎるのもよくない。おうちごっこのスペースがあまり広すぎると，それぞれが自分のしていることしか見えず，人とのかかわりが薄くなってしまうのである。すると，友達のしていることを見て刺激を受けたり，まねをしてやってみようとする機会が減ってしまうことになる。

遊びのグループ同士のかかわりも大切である。おうちごっこをしながらも，積木遊びで起こっていることを目の端で見ていて，何かが起きたら自分もかかわろうとする気持ちをもっていることが望ましい。おいしいごちそうができたら，積木遊びの人たちを招待したり持って行ってあげたり，ということが起こる方が，人とかかわる力を育むことになるのである。

つまり，子どもの遊びや活動には，狭すぎず広すぎずという適度な空間があるということである。だから保育者は子どもの動きを考え，人とのかかわりを想定し，環境をつくる援助をしなければならない。また，静的な遊びと動的な遊びの配置，子どもの動線を考えながら，遊び場を有機的に配置し，限られた空間を有効に使わなければならない。

(2)「私の空間」と「私たちの空間」

榎沢良彦は，「私の空間」と「私たちの空間」が園内に存在することを述べている[1)]。子どもたちは，自分のクラスの保育室を「自分たちの保育室」だと感じ，他の保育室は「自分たちの保育室ではない」と思っている。自由に使ってよいかどうかが決まってくるというのである。

砂場で遊び始めた子どもは，砂場が「私の空間」として感じられている。後から来た子どもが隣で穴を掘り始めると，「ここは入らないでね」と境界線を宣言することもある。すると，「私の空間」と「隣の子の空間」ができる。そのうち，その穴に入れた水が，境界線を越えて流れ出し，自分の穴にまで入ると，一緒に池作りになることもある。そのような場合，その砂場は二人にとって「私たちの空間」として捉えられるのである。

このように，その場が「私の空間」「私たちの空間」として感じられると，子どもは遊びだすことができるが，そう感じられないと遊ぶことはできない。年長児のクラスに行った年少児は身を硬くして言葉数も少なくなる，という事実からもそれがわかるだろう。つまり，「私の空間」「私たちの空間」として感じられる環境をつくることが，子どもの遊びを支えることになるのである。

(3)「見通しのよさ」と「見通しのわるさ」

榎沢は「見通しのよさ」と「見通しのわるさ」についても指摘している[2)]。

障害物のない広々とした空間は「見通しのよい空間」であり，見通しのよい空間は子どもたちの視線を遠くへと導くので，子どもたちを遠方に誘い出し，子どもたちの行動範囲を広げ，そのため，子どもたちは駆け出すことが多くなるとしている。一方，障害物の多い空間は「見通しのわるい空間」であり，ここでは，直線的な行動はできないため，さすらうという行動が起きやすくなる。また，見通しがわるいと，周りから自分たちの姿がよく見えない。「囲まれた空間」は子どもたちが落ち着いて遊ぶことをしやすくするという。

園舎内でも園庭でも，子どもは自分たちの遊びにぴったりの空間を上手に見つけて使っている。園スペースの中に「見通しがいい空間」と「見通しがわるい空間」が両方あることにより，子どもたちの遊びは複雑にかつ面白くなる。それが，子どもたちの豊かな学びにつながっていくのである。

4．環境としての時間

(1) 身体のリズムによる時間

一日における子どもの生理的な身体のリズムを考えてみよう。登園後，これから何をしようかなとあたりを見回し活動を始めるまでは，車の運転でいうアイドリングの時間である。徐々に意欲も高まり，集中して物事に取り組める状態になっていく。

朝，起きてから身体が活動し始め，脳のはたらきが活性化してくる10時から11時頃が，子どもが環境とかかわって学ぶのに最もよい時間帯といわれている。想像力をはたらかせたり工夫したり，試行錯誤しながら多くを学び吸収することができるだろう。

昼食後は大人も眠くなる時間帯である。保育所等では午睡を取り入れているところが多い。この時間帯は過激な運動を避け，静かに過ごしたい。その後，またエネルギーがみなぎってきたら，身体をおおいに動かし活動したい。

降園前は，気持ちを落ち着かせてから帰すことが大切である。絵本やお話にじっくり耳を傾けたり，今日の遊びや明日の活動について話し合ったりするような経験をさせたい。

次に，活動によりつくられる身体のリズムを考えてみよう。運動的な遊びをした後は，静かに休むことを身体が要求するだろう。だからお茶を飲んだり静かな活動を用意する必要がある。緊張場面が続く活動の後はリラックスタイムを用意し，緊張を解きほぐす必要があるだろう。このように，身体のリズムを考えて静と動のバランスをとりながら保育を組み立てたい。

(2) 自由な時間・制約のある時間

これから自分の好きな遊びを自由にできると思うとき，子どもは真剣に全能力をフルに使って遊び始める。しかし，もうすぐ片付けだな，とか，次は体操教室があるな，と思うと，子どもは多くの物や遊具を出すことを控え，それにすぐ対応できるよう暇つぶしのような遊びとなることが多い。

子どもの育ちを考えるなら，存分に遊び，満足感が得られるような時間を保障したい。小間切れの時間はなるべくつくらないようにしたいが，できてしまったときには保育者のアイデアで楽しんで過ごせるように配慮したい。

(3) 現在に意味をもつ過去と未来

昨日の失敗にとらわれ，くよくよして元気がない子ども。たまたま蹴ったシュートがきまったことに自信をもち，いつも以上にはつらつとしている子ども。これは，過去の出来事が意味をもって，子どもの現在のあり方に影響を与えている例である。

また，友達に「もうすぐ僕の誕生日だよ。あと三つ寝たらね」と何度も言い，うきうきしている子ども。未来に楽しいことがあると予期すると，人はそれを心待ちにしながら，現在を生き生きと過ごすことができるようになる。一方，明日，予防注射を受けなくてはならないとか，叱られるかもしれないとか，自分にとって好ましくないことが起こることを予期する場合，何も手につかないような嫌な気分で現在を過ごしてしまうこともある。

このように，過去や未来は子どもの現在のあり方に大きな影響を与える。だから保育者は，過去や未来が現在の子どもによい影響を与えるような配慮をしなければならない。過去の嫌なことはさらりと流し，これから努力すればいいことを伝えたり，明るい未来を予期できるような援助をしたり，ということが大切になるのである。このことは，子どもの行動を読み解く手がかりにもなるであろう。

5. 環境としての雰囲気

(1) 温かい雰囲気

園生活でまず大切にしなければならないのは，温かい雰囲気である。特に，入園したばかりの子どもたちが安心して自分の居場所を見つけることができるように，保育者自身が温かい受容的な雰囲気をかもし出し，保育室全体に温かいものを漂わせなければならない。保育者の笑顔，温かい話し方，受け入れる態度がその源になるだろう。

そしてさらに，子どもたちが人を受け入れるような温かい人との接し方を身に付けたとき，そのクラスは温かい雰囲気に満たされる。人を非難したり泣き叫んだりする声は，人を不安にし，さびしい気分にさせてしまう。誰かが悲しくなって泣いたときには，側に寄り添い温かい言葉をかけたり抱きしめたりすることで，また温かい雰囲気が生まれるだろう。

(2) にぎやかな雰囲気

お祭りの雰囲気はにぎやかである。うれしそうな声があちらこちらで飛び交い，笛や太鼓が聞こえてくる。人をわくわくさせる雰囲気がある。

子どもたちの遊びの中でも，くじ引き屋さんが始まったり，レストランごっこが活気を帯びてくると，子どもたちの明るい声が聞こえ，そのにぎやかな雰囲気に誘われて，子どもたちが集まってくることがある。

にぎやかな雰囲気は，子どもたちをわくわくさせ，楽しいことがあるぞと感じさせ，人を引きつけるのである。

(3) 静かな雰囲気・緊迫した雰囲気

園生活ににぎやかな雰囲気さえあればいいかというと，そうではない。絵本を見るとき，にぎやかなざわざわした雰囲気では絵本の世界にひたることができない。そこでは，静かな雰囲気が必要になる。みんなで保育者の声に耳を傾け，絵本の世界を想像することができなくてはならない。工事の音や隣のクラスの声が聞こえると，せっかくの雰囲気がこわれてしまう。

また，避難訓練では，緊迫した空気をかもし出すことも必要である。今は緊急の非常の出来事が起こっているということを，子どもたちに伝えなくてはならないのである。

このように，雰囲気は大きな環境のひとつとして，子どもたちに影響を与えている。保育者はそのことを深く受けとめ，雰囲気をつくったり変えたりする援助も頭に入れておかなければならない。

■引用文献

1) 富山大学教育学部幼児教育研究会　富山大学教育学部附属幼稚園編著：幼児の思いにこたえる環境づくり―こんなところで遊びたい―，明治図書，pp.84-85，1999

2) 同書，pp.88-89

第5章 物とのかかわりにおける子どもの育ち

本章では数多く存在する「物」のうち，特に，素材とそれにかかわって使用される道具について取り上げていく。

1．子どもにとっての物

(1) 物と子どもとの関係

ティッシュペーパーの空き箱を持って「ブーン，ブーン」と床を走らせている3歳児。やがて彼はティッシュペーパーの取り出し口に手を入れると，スポッと手が入った。そのまま空き箱入れまで四つん這いで行く。同じような空き箱を見つけて，左右の足を同じように空き箱に入れて立ち上がる。すくっと立ち上がると，もう片方の手も箱に入れ「ガシーン，ガシーン」とロボットのような動きで部屋中を歩き回る。

このように，身近な遊びの素材や道具，遊具など，子どもたちの周囲には彼らの興味をそそる「物」がたくさん存在する。それらのもつ，形や色や手触り，仕組みや構造の魅力が子どもたちの好奇心や探究心を揺さぶるのか，あるいは，子どもたちの探究心が素材や道具などの可能性を創造していくのか，容易には分かつことのできない相互の関係性がある。

(2) 素材のもつ特性

ここでいう遊びの素材とは，一般に，子どもの身の回りにあって，子ども自身で操作することのできるもの[1]をさす。素材は木片や段ボール，牛乳パック，新聞紙や広告紙，プラスチックやスチロール製容器などの廃物など様々であるが，大人から使用方法や内容を規定されず，費用もあまりかからず，子どもたちが自由に使えるという特徴をもつ。また，自然や動植物などに接する場合のように，それらのもつ生命固有の時間や性質を理解しつつ，相手の生活やペースに合わせる努力をすることなどが比較的少ない。つまり，物は子どもの側のはたらきかけで影響を与えられやすい性質をもっているといえる。子どもの手で操作しやすく，組み合わせたり，形作ったり，遊びの中で使用したりする過程では，物の性質や仕組み，いろいろな現象を司る法則や秩序などの探究がなされるとともに，子どもの思いや考え，憧れなどの実現を助けていく。

2. 日常生活での活動例

(1) 素材とのかかわりから生まれた遊び

事例 5-1　広告紙の棒を花火に見立てた遊び　3歳児6月（記録　稲井実穂枝）

ハルヤの持っている，広告を巻いて作ったくるくる棒を見たマナカが，保育者に「先生，花火みたい」と話しかけてきた。保育者は「本当。花火だね。私，花火大好き」とマナカに言った。マナカが「私も。ばちばちっていうのよね」と言った。サキが「花火したいからくるくる棒つくって」と広告紙を持って保育者のところに来た。「私も」「ぼくも」とマナカ，カナ，マリン，ミズキも広告紙を持ってきた。全員のくるくる棒ができあがり，「さあ，花火大会ですよ」と保育者が言うと，「火をつけて」とマナカがくるくる棒の先を保育者に向ける。火をつけたふりをすると，「ジュボッ」と手持ち花火をしているまねをする。

保育者が，回りの子の持つくるくる棒に火をつけていくふりをすると，「バチバチバチバチ」と言いながらくるくる棒の先を下に向けて花火をしているまねをする。ハルカが「あっ，たいへんです。バケツを持ってきてないです」と言い，回りをキョロキョロ見渡している。保育者が，「これでいいですか？」とペットボトルを半分に切った水遊び用のバケツを持ってくると，ハルカが「大丈夫です。火事にならないです」と答えた。マナカが「花火が終わりました」とバケツの中にくるくる棒を入れると，回りにいた子もバケツの中にくるくる棒を入れる。

〈子どもの経験と育ち〉

a）物から受けるイメージ

この事例では，3歳児が広告紙を巻いて作った棒が「花火」に見立てられ，友達や保育者たちと一緒に花火遊びが繰り広げられている。広告紙をくるくる巻いて作った棒の様子から受けた印象が，自分の体験した手持ち花火のイメージと重なっていることが推察される。広告紙の棒は「花火」となり，子どもたちのごっこ遊びのイメージの中で，夏の夜を彩っている。

b）物のもつ意味や価値を子どもなりに創造する

簡単な見立て遊びの場合などは，物に手を加えず，そのままを自分なりに意味づけて遊びに使用することもよくある。また，事例の広告紙のように，物は子どもがはたらきかけることによって形を変えたり，意味をもたされたりして，その存在を変えていく。いずれも物のもつ意味や価値を子どもなりに創造するという点で共通する精神的活動であるといえるが，後者の場合は，子どもが自分の外の世界にはたらきかけることで，それを自分にとって意味のあるものにしていく積極的な創作体験であり，一層重要である。「自分がかかわったことで，物の意味や価値が生まれた」「自分は，作り出すことができる存在だ」という自分自身の発見や自分への信頼は，能動性が育つ幼児期に特に重要である。

〈指導上の留意点と反省〉

a）込められた子どものイメージに注意する

3歳児の表現の場合は特にそうであるが，手にしている物はとてもシンプル

（簡単）であるが，そこには自分の表現したいものや思い描く豊かなイメージが込められていることは多い。場合によっては，大人のもつイメージとはかなりかけ離れていることもある。そこで，保育者は子どものもっているイメージや込められている思いに細心の注意を払うことが求められる。

b）共感と応答

事例中で保育者は，まず，「本当。花火だね。私，花火大好き」と，子どもの表現の意味について知り，つぎにその工夫に共感し，応答している。子どもたちは遊びの中で保育者と一緒に使用したり，作り方を工夫したりしながら，物へのかかわり方のヒントをつかむことも多いのである。

事例５-２　段ボールを使ったいろいろな遊び

その１「段ボールのキャタピラ」４歳児９月（記録　庄野由美）

保育者が部屋の一角に置いていた大きな段ボールを子どもたちが見つけた。ミツノリ，セイヤ，アキノリが段ボールの中に入って箱を中から揺らしたり，手で押したりして遊んでいた。箱は横向きに倒れた状態で，中にいる三人は汗だくになりながら声を上げて楽しそうにしている。

ふいに三人が同じ方向に力を込めた。段ボールはくるっと回転し，キャタピラのように進んだ。アキノリが「おもしろい！」と言うと，三人は顔を見合わすように笑った。

「準備完了。発進します」ミツノリが敬礼して言うと，子どもたちは四つん這いになって箱の中でハイハイをしはじめた。保育室から飛び出してきた子どもたちが注目する中，三人は箱ごと引き出しのある方に向かって勢いよく進んでいった。保育者は「おおっ！」と歓声を上げて回りの子どもたちとと一緒にそれを追いかけていった。

事例5-3　段ボールを使ったいろいろな遊び
その2「段ボール製のパイパーメンコ」　5歳児6月

ヒナタは顔を床にすりつけるようにして，ぐるっとタケトのメンコと床の隙間をチェックした。「弱点見つけた」そう言って，膝をついたヒナタは自分のメンコを持って，投げるフォームを繰り返す。時々，タケトのメンコの少し反った角の部分に自分のメンコを当てて，シミュレーションするかのように繰り返し試している。

「ふーん。ねらっているんですね」と保育者が傍で話しかけると，「うん，こういくんよ」と投げるメンコの軌跡を示す。「その角度でアタックをかけるんですね」と保育者が言うと，「よしっ。この角度」と言って，ぴょんと立ち上がる。

「えいっ」ねらいすました，ヒナタのメンコの一撃で，タケトのメンコは尻を上げひっくり返りそうになる。

「あっぶー。ぎりぎりセーフ」レフリー役のタクヤが言う。「あっぶー。角度ねらわれた」と，今度はタケトがヒナタと同じように，相手のメンコの状態をチェックし始めた。

〈子どもの経験と育ち〉

a）様々な遊び方で素材のもつ性質を引き出す

段ボールにまつわる二つの事例は，4歳児と5歳児に特徴的な遊び方を示している。段ボールの中に入り込んでその素材の感触を体感する4歳児と，自分の遊びや目的に合った素材を選び，それらの特徴を活かした使い方を探究する5歳児の様子が記されている。

b）物の性質や法則性に気付く

「段ボール製のパイパーメンコ」の場合，各自凝った甲虫の絵を表に施してはいるものの，子どもたちの「パイパーメンコ」は，段ボールに粘着テープを巻いただけの構造である。シンプルな素材をシンプルな構造で製作し，ちょっとした工夫でオリジナリティーが表現できるところに，みんなに楽しみが共有されていく秘密があるようだ。また，この事例のヒナタのように，相手をひっくり返すための方策や，その法則性（力点・支点・作用点の原理を利用する）について探究できるようなものも，一層子どもたちを没入させることに関係している。

自分なりの仮説をもち，それを検証すること，この場合，周りの友達の情報を取り入れたり，それらと照らして自分自身のものを検討したり，整理したり修正したりするなどの知的な試行錯誤のポイントが，「ねらっている」「その角度でアタックをかける」などの保育者との応答によって，さらに明瞭になり価値付いている様子がわかる。

かかわり方こそ様々であるが，物にかかわる活動の中で，その物の性質に気付いたり，それらを使って遊ぶ中で外界の様々な仕組みに気付いたり，外界の諸々の事象を支配する法則などに気付いたりしていくことも，物にかかわって学ぶ重要な事柄である。

c）意味づけながら創り上げた遊びの世界で育つもの

加えて，子どもたちは自分たちが手がけ，意味付けながら創り上げた遊びの世界の中で（この事例ではキャタピラカーの乗組員やメンコプレーヤーやレフリーであるが），時にヒーローやヒロインになったり，大工さんやエンジニア，冒険家になったりするなど，様々な役柄や人格を演じ，表現する。このことは，遊びの中で実現する自分自身の変容やその可能性に気付き，自らの人格形成の幅を広げていこうとする子どもの精神の発達が促されていることを意味する。

〈指導上の留意点と反省〉

a）子どもたちの身近にある魅力的な素材

事例「段ボールのキャタピラ」で顕著であるように，大きい，美しい，珍しいなど子どもの好奇心を刺激する物。あるいは，馴染みがあって使いやすい，年長者たちが使って遊んでいた姿への憧れがあるなど，遊びや動きのイメージを伴って存在する物など，子どもたちの身近に魅力的な素材があるということは重要な環境構成のポイントになる。

b）遊びがより面白く発展するために必要な用具や道具

事例「段ボール製のパイパーメンコ」の粘着テープやマーカーペンなど，遊びがより面白く発展するために必要な用具や道具，組み合わせると面白い効果が現れたり，子どもたちの発想を揺さぶり，創作意欲を高めるような素材などが整理された（わかりやすく，使いやすく，片付けやすい）状態で置かれていることも重要である。また，素材などの整理を考える場合，清潔に洗浄した後，［新聞紙・広告紙・包装紙］［紙箱・牛乳パック］［プラスチック製空容器・スチロール製容器］［木片・使用済み割り箸など］のように，分類整理しておくことも大切になる。

c）子どもの知的好奇心や探究心を促す工夫

子どもたちは物を組み合わせて使ったり，比較したりする中で，それぞれのもつ素材の特性や共通性に気付き，それらを自分の中で分類したり仲間分けしたりしていく。このことは，子どもの知的好奇心や探究心を促したり，物にはそれぞれ固有性や共通性，世界を秩序付けることのできる事柄があることに気付いていく上で重要である。その他，近年深刻な問題になっている石油製品をはじめとする物がもたらす環境ホルモンの問題についても考えるきっかけとなり，地球住人としての物との付き合い方を学ぶことにもなる。

(2) 遊び続け，発展する背景

前述したとおり，子どもたちは遊びの中で，興味や関心をもって様々な環境にはたらきかける。探究心をもってそれらにかかわりつづけ，体得した知識や技能を遊びや生活の中で使いながら，さらに発展させつつ，自分をも変容させていく。ところで，この学びには共通して，生き生きとした学びのつながり，つまり「学びのダイナミックス」というべきものがあるようだ。

次の事例は5歳児の5月から12月の8か月間の車作りに関する縦断的な記録である。

事例５−４　車を作る　５歳児　①「５月４週」アイデアが生まれる

男児たちの数人が木片にレーシングカーを描き，らせんすべり台の上からすべらして遊んでいたものが，仲間の間に広がっていった。次第にいろいろな走らせ方が工夫されるようになってきた。4月に紙飛行機の先に輪ゴムを付けたものを，割り箸の先にひっかけて飛ばしていた遊び方を活用し，ショウキは輪ゴムの力で木片のレーシングカーを走らせてみた。レーシングカーは輪ゴムに飛ばされて，勢いよく床を走った。「すごい」「もう1回やってみて」「ぼくにも教えて」その様子を見た子どもたちがショウキの回りに集まってきた。ショウキは少し顔を紅潮させ，嬉しそうに仕方を伝えている。

このアイデアはたちまち学級の子どもたちに広がり，男女を問わずレーシングカー遊びに参加してくるようになった。

〈子どもの経験と育ち〉

a）アイデアが友達に認められる喜び

子どもたちは，これまでの様々な体験を重ね合わせながら遊びをつくり出している。ショウキは，4月に輪ゴムで飛ばす紙飛行機の遊び方を木片のレーシングカーに取り入れた。輪ゴムの伸び縮みする力が，動力として活用できると考えたのだろう。周囲の子どもたちはこのアイデアに瞬時に反応した。

まず，ショウキは自分の発見したアイデアが友達に認められる喜びを体験していることがわかる。

b）探究していこうとする意欲

ショウキにかかわっていった子どもたちも，彼を通してゴムの力で素早く動く原理やその技術と出会い，レーシングカー遊びの面白さを体感し始めている。この体験に支えられたショウキは，自分自身の存在感を感じつつ，新しい技術や原理・法則などの説明について，一層，探究していこうとする意欲につながったであろう。

〈指導上の留意点と反省〉

a）学び方の特徴を知る

このように，物とかかわりながら生まれた子どもたちの遊びは，人と人が応答しながらその人のもつ知識や思想，哲学や技術などとつながり合っていく。そして，それらにまつわる知識や技術（時には思想，哲学なども）などと絡み合いながら次第に複雑にかつ豊かなものになっていく。つまり，子どもたちは人との関係性を通して，様々な知識や思想，哲学や技術などと出会い，自分のものにし，その関係性の中でそれらをより複雑かつ豊かにしていこうとする学び方の特徴をもって学び続けている。

b）集団のダイナミックスに広げる

保育者はこのような様子から，単に子どもが物とかかわり，気付いたり，考えたり，工夫したりするという単線的な見方を，学び合い伝え合う集団のダイナミックスにまで広げている。大胆に表現すると，ショウキの「個人の知」が学級の「集団の知」に広がっていくという知の共有化を体験する様子を見守り，励ましている。

(3) 科学的探究態度の基礎

事例 5-4 ②「6 月 23 日」ねらいをつけて

ユウヤは，木片で作ったレーシングカーにゴムをかけて引っ張ると，ちょうどいい位置を確かめるように手を動かした。伸びたゴムの二辺が等しくなるような位置に定まると，片目をつぶってねらいをつけている。板をつなぎ合わせて作ったコースの上を外れないように，速く走らせようとしているのだろう。ユウヤが手を離すと，レーシングカーはビュッとコースの上をすべっていった。

この後，子どもたちはいろいろと木片に細工をしたり，いろいろな素材のものを貼り付けたりしては，走らせ，試していた。身の回りに材料が使いやすい状態でいろいろとあったことも，子どもたちの試行を助けたようだ。

〈子どもの経験と育ち〉

a）法則性への気付き

ユウヤたちは，この遊びの中で「こうすると，こうなる」という法則性のようなものに気付いているようだ。例えば，

・ゴムを強く引っ張ると，速く，遠くへ走る。（ベクトルに関する問題）
・ゴムの二辺が等しくなるように引き，走らせる方向にレーシングカーの先をまっすぐ向けると，まっすぐ安定して走る。（ベクトルに関する問題）
・レーシングカーの底は，つるつるしていると速く走る（テープやビニル，ニスの塗ってある堅い木などを貼っていた）。（摩擦力に関する問題）

b）仮説をもって遊ぶ

子どもたちは遊びの面白さや楽しさに駆られ，自ら課題をみつけ真剣に遊び込むとき，その必要感から様々な知識や技能を自分にたぐり寄せ獲得している。また，様々に試行錯誤する中で目立つのは，「こうすれば，こうなる」という仮説をもった子どもたちの姿である。この態度は，まさに，「実験」そのものであり，科学的探究態度の基礎ともいえる。レーシングカー遊びのその後の発展は次の通りである。

事例 5-4 ③「6 月 3 週」コースにいろいろな工夫

コースにいろいろな工夫がなされるようになっている。ジャンプ台になるものをおいてジャンプさせたり，着陸する場所を離れたところに作ったり，ジャンプした車が落ちないで着地できるように綱を張って動きをコントロールしようとしたりしている。

事例5-4④「10月2週」乗って走らせる

自分が乗って走らせることのできる車を作り始める。実際に乗ってみると，走り出すときや，止まるとき，曲がるときなどに，どのような力が加わるかを身体で感じている様子。そして，その結果，車の壊れやすく補強が必要なところ，走る向きを変えるときに動かす部分，車の構造，力の伝わり方などが自然とわかってきた。

ちなみに，この車は「レンタカー」と子どもたちに呼び交わされ，交渉次第では誰にでも貸し出され，車輪が大破し廃車にするまで乗り継がれた。

レンタカー

事例5-4⑤「11月」リモコンカーとフォーミュラーカー

11月1週には，ゴムタイヤを付けた車にひもを付け，「リモコンカー」として引っ張って走るなど，自分の走る力や，動かし方のテクニックを工夫して遊んでいた。自分で車の動きをコントロールすることが関心事となっていた。11月2週には，テクニックを駆使していろいろなところを走らせ切ることに没頭していた。

11月4週になると，車の形や構造に対する関心が強くなり，より「かっこいいもの」「はやそうなもの」が作られる。木片のレーシングカーに段ボール片などを使って装飾する。空気抵抗を少なくしたり，車体を路面にくっつかせたりするフォーミュラーカーの仕組みを取り入れて，まるで本物のような構造にする。

フォーミュラーカー

事例５-４⑥「12月２週」

この時期から子どもたちの関心の方向が，おおまかにいうと，二つに分かれていった。

木片を使って，トラックを作ったり，フィルムキャップや空き缶などを使ってタンク車・散水車など，「仕事をする」メカを作る子どもたち。

ひたすら，走行安定性やコントロール技術の開発に取り組む子どもたち。

右下の写真は前輪の片側にセロハンテープを巻いているところである。

ゴム張力のレーシングカーのときもそうであったが，「こうすると，どうなるだろう」「こうすると，こうなるだろう」と身の回りの様々なものを遊びに取り込み，試行錯誤する中から，このような発見が生まれてきた。

タイヤにビニルテープを巻くと，摩擦力の違いでタイヤの回転が微妙に違ってくる。こうすることで，車はテープを巻いた側に曲がって走っていく。

子どもたちは偶然発見した，運動の法則性を意図的に使い，車の動きをコントロールしていった。

〈指導上の留意点〉

子ども同士で真剣に遊びに没頭できる環境の中では，様々な関係性や科学的探究心の基礎など，学びの基盤を形成するのに必要な体験が豊富になされている。では，このような学びが育まれる環境とは，どのような要素が必要なのであろうか。

a）子どもたちの手に合った魅力ある素材

一つは遊びを誘発するような魅力のある素材である。事例5-4「車を作る」の中に登場してきたものを挙げると，木片やゴム，段ボール片やその他の材料などがそれになる。これらの物は子どもがかかわることで，形や動き（他に音や色などを含む場合もある）を変化させていく。かかわりに応じて変化するという特性が，子どもたちの積極的な試行錯誤を引き出させている。また，この場合，子どもたちの手に合った（能力にあった）素材であるかどうかも忘れてはならない要素である。金属類などのように，子どもには加工が難しい物や，大きすぎたり重すぎたりする物は，かえって事故やけがを招く結果となる。はじめは，子どもたちの手に合った，身近で安全で清潔な物，あまり高価でなく，思う存分に使えるような物が適当であろう。

園生活が充実すると，次第に少し抵抗のある難しい素材や大きい素材，大人たちにも手伝ってもらいながら集めるなどして使用したい素材も扱えるようになる。事例5-5「机を作る」の木材はその例である。

b）自由感のある時間

二つ目は時間や生活（活動）のリズムである。ゆったりと時を忘れて没頭したり静かな心持ちで過ごす時間。スリリングな緊張感をもって試行錯誤したり競ったりするなど，張りつめたような緊迫感を感じつつやり遂げる時間。これらが共に子どもたちにとっての自由感をもってバランスよく存在することが望ましい。これらは，子どもたちが物のもつ魅力を引き出すゆとりや，それらを使って試行錯誤したり，探究していく姿を支えるという点で重要である。

c）遊びが生まれる空間

三つ目は空間である。ひとりでいられる（ひとりが大切に保障される）空間。友達とみんなで集う空間。園全体，学級全体などが見渡せたり，見通せたりできる空間。レーシングカー遊びなどもそうであるが，何か，ある特別な遊びや活動に集中したり，没頭したりできる空間。環境の中にこれらがバランスよく存在していることが望ましい。

特に物は単独に存在するのではなく，生活空間の中に位置して存在する。そこで，分類整理された素材棚や大胆に使える大型の物置き，何かを作ろうと思ったときに手にしやすく配置された，はさみやカッター，のこぎりや金槌，ビニルテープやのり，ホッチキス，接着剤などの道具棚やワゴンなども，物の整理や配置と併せて重要になってくる。特に，安全な使い方が必要な道具などについては，保育者の援助やアドバイスも必要になってくるため，物にかかわって生まれる遊びを，保育者が見通せるような空間構成も大切である。

d）共に創り出そうとする共生する仲間

四つ目は共生する仲間である。子ども同士，子どもと保育者，地域の人とのかかわりの中で子どもの学ぶ機会はより多くなるとともに，学びの質も豊かになっていく。友達への積極的な関心は，その友達の見ている世界を共に見て，一緒にその世界にかかわっていくことにつながっていく。ゴムの力で木片のレーシングカーを走らせることを発見したショウキの創造した世界を見て，一緒に感動し，自分もやりたくなった子どもたちの姿はまさにそれである。子どもたちが学んでいるものは，レーシングカーを走らせる仕組みや技術，知識などだけではない。それを見い出し，作り出したショウキの気付きや考え，発想の組み立てや物づくりという表現，あるいは，人間というものがもつ力や可能性にまでも探究は続いていくのかもしれない。

「すごい」「もう一回やってみて」「不思議だね」「やったね」「ぼくにも教えて」「ありがとう」子どもたちの言葉は，共にこの世界を生きて，それを味わい，共に創り出そうとする共生する仲間の言葉であったと考える。

(4) 道具とのかかわりから生まれた遊び
―文化財に込められた意味や仕組みに出会う―

〈物と道具の密接な関係〉

自分の新しいはさみをもってシャカシャカ動かしている3歳児のツグミは，何か切りたくてたまらない様子で，保育者にたずねている。「せんせい，これきっていい？」保育者がうなずくと，嬉しそうに果物の絵のついた包装紙を切り始めた。「おいしそうなおリンゴね」と保育者が話しかけると，シャカシャカと切り抜いて「どうぞ」と差し出した。その後，友達たちと広告紙の果物や野菜，電化製品などを切り抜き，ままごとが始まった。

このように，物と道具は密接な関係をもって存在している。これまでの歴史の中で，生活の知恵を結集させ，それぞれの物にふさわしい道具が作られてきたことがわかる。したがって，「新しいはさみを使ってみたい」「使える自分がうれしい」というツグミの姿は，「はさみ」という一種の文化財に込められた意味を自分のものにしている喜びと自負とを表現している考えられる。また，道具を使って物にかかわる過程で，その物の特徴がより一層理解できることも多い。先の「遊びが生まれる空間」のところで道具や用具について触れたが，ここでは，もう少し詳しく，道具を使って物にかかわる中での子どもの育ちについて考えてみる。

事例5-5　机を作る　5歳児9月

保育室前の中庭には保育者が机を作りかけている木材などがある。中庭で天板を見ていたシュンスケが，「せんせい，ここになんか入れるん」とほぞ穴をさして保育者にたずねた。「ここに，机の脚を差し込んで，とめるようにするんだよ」と保育者が言うと，「ふうん。大工さんみたいに，こんこんってするのか」と言う。「うん，これで，こうやって…」と保育者が，のみを出してきて，実際に使ってみせると，「へえ，（削れた）木の皮がくるんとなるね」といいながら，じっとその様子を見ている。

「ぼくもしてみたい」と言うシュンスケに手を添えて，のみを使った。何度かしているうちに，シュンスケの手元がしっかりとしてきたので，のみをあずけて，保育者は傍らで机の脚のほぞを作っていく。「ここの穴はぼくがするからね」と言って，シュンスケは，のみをたてる角度や打ち込み方を変えながら試していく。「このほぞがぴったりとはいるようにしてくださいね」と，保育者がのみの背を垂直に当ててまっすぐな切り口を作ってみせると，「オッケー，オッケー」とシュンスケも同じように作業を進めていった。

〈道具の性質と必要な技術を身に付ける〉

のみの刃には表裏があり，それを適当な位置に当てて叩かないと「くるん」と削れない。また，のみの刃の性質や，木目の状態や木の性質，自分の力や動きの癖などを知って，はじめてうまく使えるようになる。シュンスケは保育者の作業の様子を見たり，実際に手を添えてもらってのみをふるう中で，そのことに気付いていったのだろう。目で見て，手で「くるん」と木を削っていく感触を感じながら，しっかりと道具をにぎってほぞ穴をあけていく姿になっていったのだと思われる。シュンスケはこの過程で，道具の特徴や性質を知り，それに必要な技術を自分のものにしていったようだ。

〈指導上の留意点と反省〉

a）様々な文化財と出会い，それらの意味や性質を体得していく姿を支える

この事例に限らず，私たちの生活はこれまで先人たちが作り出し研究や改良を重ねてきた様々な文化財によって豊かな恵みがもたらされている。幼稚園の生活でいうと，はさみやのこぎりなどの道具，楽器など，衣食住をはじめ科学・技術・学問・芸術・道徳・宗教・政治など生活形成の様式と内容[2)]すべてがこれにあたる。

子どもたちは保育者との生活や活動の中で，様々な文化財と出会い，触れながら，それらのもっている意味や性質について体得していく。すべての文化財には価値や意味があることを感じとり，積極的に自分の生活に取り入れ活かしていこうとする文化の継承者としての学びと体験を重ねていることになる。

b）「身体知」を伝えるために

いろいろな道具を使用するとき，あるいは素材を扱うとき，必要に応じて保育者も手を添えながら援助するということが必要になってきている。それは，近年の家庭生活では，電気機器やコンピューター機器の使用に反比例して，具体的な作業や仕事にかかわる道具の子どもたちによる使用経験が極端に少なくなってきている理由からである。ややもすると，子どものみならず，親や大人たちが実際に使用している姿を日常目にすることすらも減ってきている。だからこそ，園生活の中でいろいろな道具や用具と出会い，それらの使い方や便利さを知っていくことが望ましいのだが，使い始めの段階では特に丁寧な援助が大切になる。子どもが，保育者と一緒に道具を使いながら，はさみで切る感覚や「くるん」と木を削っていく感触を教わることはとても重要な体験になる。特にそれが「気持ちいい」という快の体験であることが望ましい。

よく生きていくための知恵や知性（「身体知」といわれる，身体の様々な感覚や動きを通して，気付き，考え，行動する知性）は，自分の身体を使って素材や道具にかかわる中で促されていく。そこで，私たち保育者は子どもの素材や道具との出会い方やそれらとのかかわり，使い方や技術的な学びの獲得などについて，もっと研究し，子どもとの生活の中で共有していかなければならない。そのためには，保育者は様々な物との出会いを楽しみ，それらに創造的にかかわりながら，自分たちの生活に取り込み活かしていこうとする姿を示す必要がある。

■引用文献

1）岡田正章・千羽喜代子他編：現代保育用語辞典，フレーベル館，1997

2）新村出編：広辞苑　第七版，岩波書店，p.2613，「文化」の項③，2018

第６章 生き物とのかかわりにおける子どもの育ち

1．子どもにとっての生き物

先ほどから裏庭でにぎやかな声がする。どうしたのかと思い行ってみると，子どもたちが大きなカエルを見つけて大騒ぎしていた。

のそりのそりと動くカエルに，子どもたちの視線は吸い付けられたままだ。おそるおそる指を伸ばして触ろうとする友達を，大丈夫？　という顔で見つめている。時間が止まってしまったかのように思った次の瞬間，カエルは大きくジャンプした。「わあ！」と大きな歓声があがる。数回大きく跳躍し，カエルは池に飛び込み，ひとかきすると水底へともぐっていった。「すごいね」「池ができてうれしいのかなあ」という子どもたちのつぶやきが聞こえる。

自然との豊かな出会いを願い子どもたちと一緒に大きな穴を掘りベビーバスを埋めて作った池に，さっそくビッグなお客様がやってきたのだ。池がここにできたということをカエルはどうやって知ったのだろうか。

自然とのかかわりではこのような驚きを体験することが数多くある。その中で子どもは不思議を感じ，身近な自然に対して深い興味・関心を抱くようになる。じっと見つめたりそっと触れたりしながら自然そのものを味わい理解していくようになる。

私たちの周りには，無数の生き物がいる。驚くほど大きな生き物もいれば，見過ごしてしまいそうな小さな生き物もいる。それらの生き物と子どもたちが出会うことにどのような意味があるのだろうか。子どもたちは，どのようにして生き物と出会っているのだろうか。子どもたちのそばにいる大人は，子どもたちと生き物との出会いにどのような影響を及ぼしているのだろうか。

この章では，事例を通して，子どもが生き物とどのように出会い，何を感じているのかについて探り，子どもと生き物との豊かなかかわりを支えている大人（保育者や保護者，地域社会）のあり方について考察していく。

2. 生き物とかかわる子どもたちの姿から

(1) かかわり方の推移について―じっと見る，触れる，探す，その果てしない繰り返し―

1) じっと見る

子どもと生き物との出会いはいつもすぐそこにある。

ゆっくりとした時間がありさえすれば，子どもは偶然に出会った不思議な生き物を，飽きずにいつまでもじっと見つめて過ごすだろう。

じっと見つめているときに，子どもの内側ではどのようなことが動いているのだろうか。体を丸めるようにしてじっと見つめている子どもの姿は，強い意志で貫かれているように思える。じっと見ている姿は，無言であるのにもかかわらず強いメッセージを発している。様々なことを感じ取り何かを知ろうとしている姿なのだろう。

「何がいるの？」「どうしたの？」と，友達が近づいてきた。一人で見ているときと友達と一緒に見ているときとでは体験が違ってくる。同じ生き物を息をひそめて見つめたという体験そのものが，友達との親密さを強める。友達がいることで見つめる時間も長くなり気付くことも増える。

虫を見ている

事例6-1　「あ！何か いたよ！」6月

庭にあるアジサイのそばで遊んでいた年中組のアキラが「あれ！何かいたよ」と声をあげた。見ていると黄緑色の虫（ツマグロヨコバイ，右図）が，ピョンと跳んだ。その声を聞いて近づいてきた年長組のマサキたちが「バナナ虫だよ」と教えてくれた。

「ほら！」とマサキは素早く手を動かしてバナナ虫を捕まえ，持っていた飼育ケースに入れた。アキラはびっくりしてケースをのぞき込んで見ている。

一人の興味がみんなの興味になる，一人の好奇心がみんなの好奇心になる。

ツマグロヨコバイは，鮮やかな黄緑色をしている姿や横に移動する動きの面白さが魅力となり子どもたちにとても人気がある生き物である。色と形からイメージするのか「バナナ虫」と呼ばれている。

何かな？　と見つめている年中組のアキラに，年長組のマサキが虫の名前を教え，捕まえてあげている。子どもたちと生き物とのかかわりにおいては，このように子ども同士の中で伝えられることが多くある。子どもだからこそ感じとれることが伝わっていくことに大切な意味がある。保育者も子どもと肩を並べ，じっと座りこみ，子どもの声に耳をすまし聞きとっていくようにしたい。

2）触 れ る

事例6-2　ミミズ大好き　11月

近くの公園に散歩に行き，落ち葉がたくさん集まっている場所で遊んでいたときのこと。落ち葉を掘り返したら，そこに長いミミズがいた。「ナルミちゃん，ミミズがいたよ！」と友達が呼ぶとナルミ（年長組）が走ってきた。「うわあ，大きいね」と言いながらナルミはミミズをそっと手でつまみあげた。それを見て，また友達が歓声をあげた。

「ミミズだよ」

ナルミは3月生まれで体も小さく友達のあとについて遊ぶことが多い。しかし，生き物への接し方は自信にあふれていて，友達からも一目置かれている。何よりミミズを持つことができるのだから。

子どもが身近にいる生き物と親しんでいく過程においては，触ってみるという段階を抜かすことはできない。

手のひらにのせたダンゴムシがコロンと玉になり，しばらくしてもう大丈夫と思ったのか，モゾモゾと足を出して動き出したときのくすぐったさ。勇気を出して手を伸ばしたときにザリガニのハサミに挟まれた痛さ。手のひらにのせたカエルのひんやりとした冷たさなど…。心に深く残る体験である。

ただし，生き物にとっては触られることは，生死にかかわる問題になりかねない，ということを忘れてはならない。アリや青虫は，少し力を入れて持っただけで簡単につぶれてしまうし，チョウも羽の鱗粉が落ちて飛べなくなってしまう。子どもたちと一緒に生き物にかかわり「そっと持つんだよ」「ケースに入れて見ようね」と声をかけていくようにすることが大切である。

また，触れてはいけない危険な生き物もたくさんいる。保育者は，十分な知識をもち，子どもたちと生き物との出会いをよく捉え，安全なものかどうかのチェックを怠らないようにしなくてはならない。

3）探　す

事例6-3「コオロギいるはずなんだけどなあ」10月

コオロギを毎日探しているタクミたち（年長組）は，登園後の身支度をすませると一目散に裏庭に行き「この辺にいるはずなんだけどなあ」と慣れた手つきでプランターを動かしていく。うまくするとどかされたプランターの下から，コオロギがピョンピョンと飛び出してくる。それを素早く捕まえる。「そっちに行ったよ」「石の下に入ったよ」と友達同士声をかけ合い追いかけている。

ある日，コオロギ取りに熱中していたタクミたちが「先生，キュウリない？」と聞いてきた。何に使うのかと思ったら，コオロギをつかまえる罠(わな)を考えたという。コオロギが来たら網がパタンと落ちてくる仕掛け（次頁図）を作り，そこにキュウリが必要なのだという。運良くキュウリがあったのでタクミに渡すと意気揚々と出かけていった。

　しばらくして見に行くと，タクミたちはコオロギに見つからないように身を潜め仕掛けのロープをにぎっていた。コオロギは，なかなかその仕掛けには近づかなかったけれど，タクミたちは冒険者たちのような顔をして身を潜め続けていた。

　毎日大好きな虫を追いかけていた子どもたちは，その虫の住みかを熟知している。それは，あらゆる場所を探し身体で獲得した知識である。虫好きの子どもが，よく虫を見つけるのにはそういう理由がある。

　筆者自身も子どもの頃，庭の大きな石をどかすとそこにいろいろな虫がいたのを覚えている。急に覆いが無くなったことに慌てて右往左往するアリやアリの白い卵，悠然と動いているハサミムシ，丸まったままのダンゴムシなどがそこにいた。隠れた場所に無数の小さな生き物がいる面白さを，あの時感じていたのではないかと思う。

　偶然出会った生き物に興味をもった子どもは，その生き物を探し捕まえようとする果てしない時間の中で，見つけようとしていた生き物とだけでなく，その他の実に多くの生き物との出会いを体験しているのだろう。

　生き物と出会うには，罠(わな)を仕掛けるという方法がある。各家庭に持ち帰る夏休みのしおりに罠の作り方（次頁図参照）を掲載した。幼稚園でも仕掛けを作り設定してみると面白いように虫が入っていたことが，タクミたちの罠作りのきっかけになったようである。

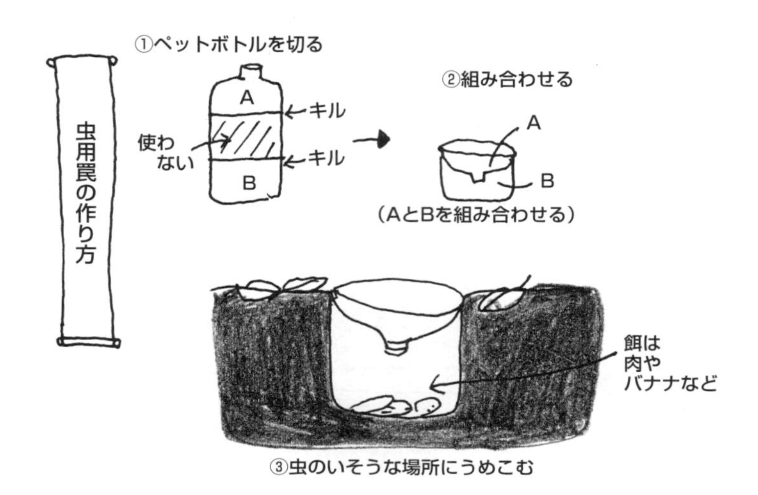

コオロギを捕まえることはできなかったけれど，身を潜ませてコオロギを待つ間に，トンボがスーッと飛んで来るのを見たり遠くで鳥の鳴く声を聞いたりしていた。

友達と一緒に息を潜ませる時間の中に意味があったように思う。

事例6-4 「バナナ虫　いなくなっちゃった」10月

初夏の頃から，アジサイのところに行くと必ずたくさんバナナ虫（ツマグロヨコバイ）がいた。年中児のアキラたちは，年長さん顔負けの素早さでバナナ虫を捕まえられるようになった。秋も深まってきた頃，いつものようにアジサイの木の前に立ったアキラたちはじっと立ったままだった。「どうしたの？」と聞くと「バナナ虫いなくなっちゃった」とさびしそうに言う。

「そうなの？」と聞き返し，保育者も子どもたちと一緒にもう一度アジサイの葉の間をゆっくり，しっかり見ていくと「よく葉っぱの後ろ側にいたよね」「見つかると横にチョコチョコって動いたよね」とアキラとマサキが話し出した。

やっぱりバナナ虫は一匹もいなくなっていた。「寒くなったからかな」とアキラがつぶやいた。

季節の移ろいを感じることは，日本文化の土台となっている大切な感覚である。それをアキラたちはバナナ虫を通して感じ取っている。バナナ虫へのこだわりをもち続けたからこそ感じ取ることができたのであろう。

4）じっと見る，触れる，探す

生き物との出会いの中で子どもが体験していることや感じ取っていることについて考えてきた。

じっと見る，触れる，探すという動きを果てしなく続けながら，子どもたちは，自分たちの身の回りにある様々な自然を味わっている。美しさや不思議さ，面白さを味わいながら，生き物の特質や季節の移ろいも体験を通して感じ取っている。また，カマキリが小さな虫を食べている様子などを見ることを通して，生命は別の誰かの生命によって支えられているという事実とも出会っていく。

立ち止まりじっと見ることが，すべての学びの始まりである。

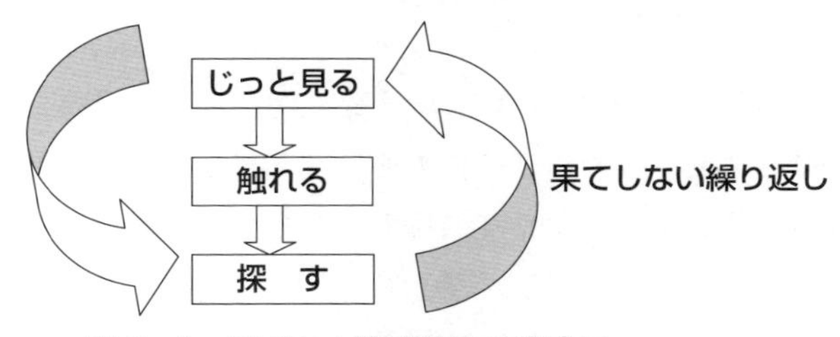

図６−１　子どもと生き物との出会い

(2) かかわりの中で感じ取っていること

1）いとおしさを感じる

事例６−５　カマキリの体重を量る　９月

自他共に認める虫博士であるユウジと虫とのかかわりには，いつも驚かされた。家族全員生き物好きという環境で育ったため，飼育方法をよく知っていて，生き物に触れる手はとても優しい。

ある日，ユウジが「はかりを貸してください」と言ってきた。「何を量るの？」と聞いても笑って答えない。職員室にあったはかりを持っていくと，うれしそうに受け取った。そして，ユウジが量ったものは…。（次頁写真）

「カマキリの体重は？」

上の写真でのカマキリの体をつまむユウジの指先を見ると，どこにも余分な力が入っていなくて（それでもカマキリにしてみれば恐怖であることには変わりはないとしても）カマキリをいとおしいと思う気持ちでいっぱいなのが伝わってくる。

どうしてもはかりが使いたいという穏やかだけれど頑固なユウジの要望に応えてはかりを渡し，カマキリの体重を量ろうとしている姿を驚きつつ眺めながら，保育者の中には「カマキリの体重なんて量れるのかしら？」という疑問がいっぱいだった。

しかし，ユウジは少しの迷いもなく嬉しそうにカマキリの前にはかりを置くと，そっとカマキリを皿の上に置いた。カマキリは少し戸惑いながらも，ゆったりと皿の上を歩く。カマキリのわずかな動きに応じてはかりの針がかすかに動く。ユウジと一緒にはかりを見つめていた子どもたちの口から「オー！」という声がもれた。はかりから降りたそうにしているカマキリをユウジは再びそっとつまみ上げると，飼育ケースの中に入れたのだった。

いとおしさを感じ生き物と接するユウジの存在は，他の子どもや保育者に大きな影響を与えた。自分もユウジのようになりたいという思いをもち，生き物に心をかたむけていく学級になっていった。このような育ち合いが，とても大切だと考える。

事例6-6　ミミちゃんかわいいね　10月

年中児のリホとタケシは，誘い合ってウサギ小屋に出かけた。

誰でも自由に餌があげられるようになっているコーナーに行ったリホは「ミミちゃんが好きなのは…」と考えながら新鮮でおいしそうな葉っぱを選んでいる（写真上）。

リホとタケシは，ウサギがいるゲージの中に入り，餌をのせた皿を置いた。「おいで，おいで。ミミちゃんおいで」とよぶと，ウサギのミミちゃんが，ピョンとはねて近づいてきて，おいしそうに食べはじめた（写真中）。

野菜を食べておなかがいっぱいになったウサギのミミちゃんたちは，遊びはじめた。

その様子を見て「かわいいよね」「ふわふわしてるよね」と，言いながら，タケシもリホもうれしそうに笑い合う（写真下）。

幼稚園や保育所等では，子どもが身近に生き物と親しくかかわったり，世話をしたりすることを通して生き物に親しみをもち，生命の大切さを感じ豊かな心が育つようにと願い，飼育活動を積極的に保育に取り入れている。

飼育活動の主体は年長児が担うが，飼育コーナーは開放されていて，興味をもった子どもが自由にかかわれるようにしていることが多い。事例6-6は，そのような環境の中での年中児とウサギとのかかわりの様子である。

4歳児で幼稚園に入園し半年が経ち園生活にも慣れ，自分たちで好きな遊びを展開できるようになった頃のことである。リホとタケシは，どちらかというと幼い子どもで，学級の中では友達の動きを見ながらゆっくり自分のペースで動くことが多かった。その二人にとって，かわいいウサギのミミちゃんがいる飼育コーナーは，安心して過ごせる居場所になっていた。

そこでの二人の様子を，あらためて写真で振り返って見てみると「どの野菜をあげようかな」と選んでいるときのリホの目の真剣さ，近寄ってくるウサギの姿に喜ぶ笑顔，おいしく餌を食べているミミちゃんを見て笑い合う二人の姿などを発見し，この場所がとても大切な意味をもっていたということに気付かされる。

タケシたちは，かわいいなと思う対象に心を寄せ夢中になることを通して様々なことを感じ，それを友達と共感し合い，「明日もまた！」という思いを抱いている。ウサギの温かさやいとおしさが，そのまま幼稚園の温かさやうれしさにつながっていっているように思う。

入園当初，泣いている子どもと飼育コーナーに行くと，生き物の様子を見ているうちに泣きやみ遊びだす，ということがよくある。生き物は，子どもの心を引きつけ心を癒（いや）す力をもっているのである。

2）謎を追う…不思議がいっぱい

事例6-7　葉っぱみたいなチョウがいたよ！　10月～11月

近くの公園（樹木の生い茂った自然豊かな公園）へ遊びに行っていたときのこと，年長児のヒカルが「なんか変な虫がいるよ！」と叫び声をあげた。保育者も駆けつけて見ると茶色の枯葉のように見える不思

議な生き物がいた。みんなで顔を近づけて見ていると，急にパタパタと羽を動かし空に舞い上がっていった。開いたときの羽には，紫とオレンジの色が見えた。

「今の何？」という疑問が，そこにいた全員の中にひろがった。

「ハッパチョウじゃない？」「だったらコノハチョウだよ」と子どもたちは口々に話をしている。散歩を終えて幼稚園に戻ってからも“謎のチョウ”の話で持ちきりになった。

その一週間後，再び公園へ遊びに行った。そのときのことだ。今度はヒカルが「これ何だろうね？」と一枚の羽を拾い上げた。それは，確かに一週間前みんなの目の前にいて次の瞬間空高く舞い上がったあの“謎のチョウ”の羽そのものだった。謎のことがずっと心に残っていた保育者は，貴重な発見をしたヒカルに頼み込んで“大発見の謎のチョウの羽”を借りることにした。謎を解明する手がかりは，今，この手の中にある。

自然とのかかわりにおける醍醐味は，謎（不思議）との出会いではないだろうか。自然のもつ様々な不思議が人の心を捉えてやまないのだと考える。

これまでの事例の中で登場しているバナナ虫（ツマグロヨコバイ）もまっすぐ前に動くのではなく横にピョンと動くから面白いのだし，ダンゴムシもコロンと堅く丸くなるから「まったくダンゴね！」と笑いを誘い心惹かれるのであろう。

そのような「不思議」の最たるものが，事例 6–7 にあげた，“枯れ葉のような姿をした謎のチョウ”なのである。この謎解明については学級通信（p. 89）で知らせたこともあり，保護者も巻き込んだものになっていった。

そしてヒカルが羽を発見したことにより，謎解明は急速に進むことになる。羽の詳細な特徴を見ることができるようになったのだ。ヒカルに頼み込んで手に入れた羽を家に持ち帰り，夜，保育者は家にある昆虫図鑑を開いた。

最初から名前が出ていた「コノハチョウ」は，東京近辺では見られることがまれであることや色も若干違うことがわかった。では，一体，何者なのだろう？　あの謎のチョウの正体は？

そして，何冊目かの図鑑を開いたとき，保育者の目は釘付けになった。

羽の模様（上の羽の小さな緑の斑点，下の羽の鮮やかなオレンジ色の模様など）がそっくりなのだ。記載を読むと「越冬する成虫：枯れ葉によく似ている」と書いてある。「これだ！」深夜にもかかわらず，保育者は叫んでしまった。“枯れ葉のような姿をした謎のチョウ”の正体は「アケビコノハ」だった。

保護者の中にも熱心に謎解明に取り組んでいた人がいて，「たぶんこれでしょう」とインターネットで調べた画像を印刷して持ってきてくれた。そこには，不思議な形をしたアケビコノハの幼虫の姿も映っていた。

さて，また一週間後，公園に出かけていくと，驚いたことにアケビコノハが何匹も飛んでいた。急に寒くなってきて弱っているのか，草の上でバタバタと羽ばたいている。アケビコノハはガの仲間なので，近くで見るとかわいいとはとても思えない姿をしていたが，3週間にわたって謎として向き合ってきたみんなにとっては特別の存在になっていた。

子どもたちは「アケビコノハだ！」「がんばれ！」「こっちの木の所につれていってあげよう」と口々に言ってかかわっていた。その姿を公園を散歩するおばさんが不思議そうに眺めていた。

不思議と出会うと，「もっとよく見よう！」という気持ちになる，心がわくわくする，情報を集めたくなる。不思議との出会いは，子どもたちだけでなく，保育者や保護者がもう一度純粋な気持ちで自然と向き合えるようになるきっかけになるのではないだろうか。

3）生命のかけがえのなさを知る

事例6−8　鳥がいたよ！　7月

「たいへん！」と子どもたちが叫んでいる。遊戯室の窓に小鳥が衝突して倒れていたのだ。まだ体に温かさが残っている。抱き上げて手のひらで温めている保育者のまわりで，子どもたちは心配そうにのぞき込んでいる。しばらくして小鳥は意識を取り戻し，目を開いた。そっと地面に置くとフラフラとしながらも，立ち上がり，少しするとパタパタっと羽ばたいて空に舞い上がっていった。

生き物との出会いは，生と死との出会いを抜きには語れない。

飼育している動物が赤ちゃんを産み，その成長に触れることは大きな喜びである。一方で，避けることのできない死との出会いも経験することになる。

どちらにしても，そのとき子どもたちの心に生じるものを大切にして，しっかり向きあわせていきたい。

ウサギの赤ちゃん

事例６–９　ウサギのクロちゃんとお別れ

年長組のミホのお父さんが亡くなって間もない頃に，幼稚園で飼っていたウサギのクロが死んでしまった。

全職員がミホの悲しみに共感していたので，死んでしまったウサギの姿をミホに見せることに躊躇する思いがあった。しかし，きれいな箱の中にクロちゃんを横たえ，子どもたちがお別れできるようにしていると，ミホは一番に集まってきた。ミホは，クロちゃんの箱に一番近い位置に座り，話しかけるようにクロちゃんを見つめたあとで，目をつぶりそっと手を合わせていた。言葉には表せない何かが，ミホの身体から発しているように思えた。

ミホの例はすべてに当てはまるわけではないが，生き物と子どもたちとのあらゆる出会いを大切にすることが，豊かな心を丁寧に育むことにつながるのだということを痛感した出来事だった。

3. 豊かな生き物とのかかわりを支える環境や援助について

生き物との出会いやかかわりが豊かな経験につながるかどうかの鍵をにぎっているのは，子どもたちのまわりにいる保育者や保護者である。以下にそのポイントを挙げる。

(1) 生き物が寄ってくる環境

庭があり，そこに少しでも植物を植えていれば，生き物は必ず寄ってくる。そして，さらに一工夫することで豊かな出会いが可能になる。

シソの葉をシジミチョウが好むことを知っていれば，シソの種を蒔くことでシジミチョウとの出会いを可能にすることができる。冒頭で述べた事例のようにベビーバスを埋め込んで作った池でも，カエルを呼ぶことができる。それは，小さな努力から大きな出会いが可能になる夢のようなプロジェクトなのだ。

生き物が寄ってくる環境を外注するのではなく，保育者や保護者，子どもが自分の手でつくることにより，生き物が皆かかわり合いながら存在していることを実感することができる。生き物が寄ってくる環境づくりを自分たちの手で行う意味はとても大きいのである。

(2) 子どもとともに立ち止まり，見つめ，面白がる保育者の存在

子どもたちは，大人の反応にとても敏感である。

入園間もない頃，庭でアリを見つけるとティッシュを持ってきてつぶそうとする子どもに出会ったことがある。家の中に入り込んだアリに対してお母さんがしていた行動だろう。生き物は見方を変えれば害虫と捉えられるので，仕方のない行動ではある。しかし，園の中では，地球上に存在する自分たちと同じ生命をもつ仲間として生き物と出会う機会をつくりたい。

保育者が「アリさん，どこに行くのかな」「お家はどこかな？」とつぶやきながら見ていると，アリをつぶそうとしていた子どもも「え？」という顔でアリのあとを追い始めた。

生き物を見つめ始めたら，言葉は最小限にしたい。なぜならば，子ども自身が感じ取ることを大切にしたいからである。一緒にじっと見つめていてくれる保育者がそばにいることで，子どもは安心して生き物を見つめるようになる。そして保育者が，生き物の思いがけない動きに笑ったり驚いたりする子どもたちの気持ちに共感し，一緒に笑ったり驚いたりすると，子どもたちはさらに集中して生き物を見つめるようになる。

(3) 興味を示し触れてみる保育者のかかわり

ミミズを見つけた保育者が「わ，わ，すごいぞ！このミミズは！」とミミズを手のひらに取り「わあ冷たいなあ，くすぐったい！」と大喜びした。その姿を見ているととても楽しそうで，周りにいる子どもたちは「持たせて！持たせて！」と叫びだした。

大喜びでミミズに触れている保育者の姿が大きな刺激となり，子どもたちは，自分も触ってみたい，遊んでみたい，という気持ちになっていったのだ。

触れてはいけない危険な生き物について子どもたちに知らせることが必要なのはいうまでもないが，そうではない限り，生き物の生命をおびやかさない形で生き生きと触れてみせる保育者のかかわりは，とても大切である。

(4) 子どもたちの発見の認めと問いかけ，情報の提供

子どもたちは好奇心旺盛であり，日々様々なことを発見して過ごしている。保育者は「すごいよ！来て！」と呼ばれることがよくある。そのとき，どのように対応するかで，子どものその後が違ってくるように思う。

子どもの弾んだ気持ちをそのまま受けとめて，子どもとともにその場に駆けつけ，子どもが何に対してどのように驚いているのか，何を感じ取っているのかを把握するように努め，必要に応じて問いかけていくことが大切である。

「発見を知らせる時間」を学級の中に設定し報告し合うことで，自分の発見を発表した子どもの自信につながるとともに他の子どもの興味を引き起こすきっかけにもなる。育ち合う学級づくりにつながる大切な援助である。

また図鑑に載っている情報も，必要な部分を拡大コピーして掲示すると関心が高まっていく。

(5) 保護者を巻き込んだ活動の工夫

生き物とのかかわりを豊かなものにするには，保護者との連携は欠かせない視点である。身近な自然に触れる機会を親子活動の中に位置付けることで，保護者も夢中になる体験を通して理解を得ていくことはとても有効である。

保護者の協力を得て，夜の公園に集まりセミの羽化を観察したことがある。白く透き通る羽を広げ，ゆっくりゆっくり羽化していくセミの様子は，誰もが息をのむ感動だった。保護者も夢中になる本物の体験が大切だと考える。

保護者は，様々な能力をもっている。趣味としてまた職業として，生き物に詳しい保護者もいるかもしれない。保護者を巻き込んだ活動を考える際には，「保護者とともに」という姿勢を必ずもつようにしたい。経験豊富な保護者の協力を得て展開する親子活動の豊かさは，何ものにも代え難いものである。

幼稚園や保育所等で子どもたちが夢中になっている自然へのかかわりについて学級通信で保護者に伝えることにより，保護者の関心を集めることができる。事例6-7にある“謎のチョウ”について紹介した学級通信を例として挙げた。

4. 生き物と出会うために

生き物との出会いを大切にした保育を展開していると，不思議なことに生き物との出会いに恵まれるようになる。それは単なる幸運なのだろうか。

筆者自身の体験を通してこのことについて少し考えてみたい。

筆者は，幼稚園教員としての最低限程度の知識はもっていたが，決して生き物に詳しい方ではなかった。それが，自然とのかかわりを大切にしている幼稚園に赴任し，頻繁に近くの公園に出かけたり自然観察員を講師として招いた観察会に参加したりする中で，子どもとともに，自然の面白さや不思議さを身をもって体験することになった。一本の木について，まるで恋人のように語る講師の話を聞いたときの驚きは忘れることができない。

それらを経て，次第に筆者の目に不思議が映るようになってきた。アケビコノハとの出会いは，その象徴のような出来事だったのである。

事例6-7で紹介したアケビコノハの話には続きがある。

“不思議な謎のチョウ”をみんなで追っていた頃，日曜日に家の近くにある雑木林の中を歩いていた筆者は，「？」という思いで足を止めた。何かを探して歩いていたのではなく，どちらかといえば物思いにふけって歩いていたのだ

きく組学級通信　200X／11／7発行

M 区立○○○幼稚園
園長　●　口　●　子
担任　▲　里　▲　美

すがすがしい気分が、幼稚園中にみなぎっています。30周年のお祝いを、心を込めてやり遂げた満足感のように思います。

「だんごむし（学級通信）出して、出して！」と、Mちゃんが言いました。

「いっぱい出して！100号出して！」とリクエストしてくれました。

うれしいような、大変なような、複雑な気分です。100まではいかなくても、今輝く子どもたちの姿を、少しでも多く、皆様にお伝えしたいと思いました。どうぞ、おつきあいくださいね。

★驚くべき、アケビコノハ！！！

前回途中までお話しした、アケビコノハの続きです。

絵本コーナーの一隅にできた『もりのようちえん』コーナーを見た人は、知っていると思いますが、アケビコノハの幼虫は、とんでもなく不思議な形をしているのです。

言葉で表しようの無い姿です。

おそろしいような、かわいいような…。

一度見て見たいような、見たくないような…。

自然って、何て不思議なんでしょう！

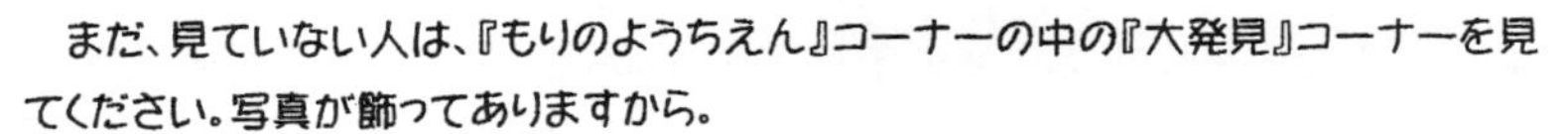

まだ、見ていない人は、『もりのようちえん』コーナーの中の『大発見』コーナーを見てください。写真が飾ってありますから。

＊　＊　＊　＊　＊

10月31日、林試の森の野草の小径で、飛んでいるアケビコノハを見つけることができました。羽はだいぶ痛んでいましたが、確かに葉っぱ模様でした。

「アケビコノハだ！」と叫ぶ子どもたち、教師たち。

道行く人は、珍しい昆虫の名前を叫びながら大喜びしている私たちの姿を、驚いたような顔で見ていました。

実際に目の前にいるアケビコノハは、体も大きく「蛾」らしい姿でした。アケビコノハにこれほどまでにこだわっていなかったら、グロテスクに感じたかも知れません。

でも、私たちにとって、アケビコノハは関心のまと、ヒーローのような存在です。だれも「気持ち悪い」などとは言いませんでした。

羽が痛んでなかなか上手く飛べないアケビコノハの姿を見て、そっと手をさしのべる子どもたちでした。生き物に興味をもち、心を寄せる体験の積み重ねの中で、確実に育っているものがある、と確信したひとときでした。

が，何かが足を止めさせたのだ。

「何？」という思いであたりを見回したが，目新しいものは何もない。「気のせいかな？」と思って歩き出そうとしたそのとき，筆者の目に一枚のアケビコノハの羽が飛び込んできた。ここにも，アケビコノハの羽があった！

一面の落ち葉の中に，半分埋まっていた一枚のアケビコノハの羽に，どうして気付いたのだろうか。それは，単なる偶然なのだろうか？

セレンディピティー（serendipity，予想外の幸運な発見を偶然にする能力）は「棚からぼた餅」という意味ではなく「ふだんからアンテナを用意している人にこそやってくる幸運」であると日野原重明は言っている（朝日新聞，2005年7月2日）。自然とのゆたかな出会いについても，まさに同じことがいえるのではないだろうか。

野を歩きゆっくりたたずみしゃがみ込んだり見上げたりしながら，出会った様々な命に思いを寄せ，いとおしいと思ったり不思議がったりしていく生活を積み重ねる中で，小さな声が聞こえてくるようになり，目の付け所も変わってくる。いろいろなサインをキャッチする能力が高まってくる。だからこそ，素敵な出会い，不思議な出会いに恵まれるのだ。

さあ，あなたも外に出て自然の不思議を味わうことから始めてください。

すべてはそこから始まるのだから。

■参考文献

平成14年度目黒区教育委員会教育開発園研究集録，研究主題「自然の中で自ら遊びを創り出す子どもの育成―森の幼稚園の実践からー」，目黒区立ふどう幼稚園，2002

佐々木洋：野遊びハンドブック　野生復活ゲーム77，光文社，2000

レイチェル・カーソン：センス・オブ・ワンダー，新潮社，1996

ピッキオ編著：虫のおもしろ私生活，主婦と生活社，1998

青木俊明・植村好延・山口就平共著：自然ガイド　むし，文一総合出版，1989

澤泉重一：偶然からモノを見つけだす能力―「セレンディピティ」の活かし方，角川oneテーマ21新書，2002

第７章 自然・季節とのかかわりにおける子どもの育ち

子どもたちが四季折々の自然に触れ，それを身体で感じることは，人間として成長していく上でとても大切なことである。かつては，子どもたちが外に出て集団で遊んでいる姿をよく見かけた。近所の子どもたちが誘い合って虫捕りや木の実拾い，缶蹴り，光る石集めなど，様々な遊びに夢中になっていた。また季節によって，田畑の手伝いや収穫に参加することもあり，子どもたちは日常生活の中で，季節を感じ取る体験を重ねていたように思う。しかし近年は，子どもたちの日常生活から，直に自然に触れたり季節を感じたりする体験が失われつつある。

こうした社会の現状を踏まえて，この章では，子どもたちにとって自然とかかわること，その中で季節を感じることがいかに大切かを改めて考え，今の保育の中で何ができるのかを探っていきたい。

1．子どもにとっての自然・季節

皆さんは“自然”というとどういうイメージをもたれるだろうか。人類の歴史を見てみると，人間の築いてきた文化の中には自然からの影響を受けているものが実に多いことがわかる。その意味で私たち人間は自然と共存しながら生きてきたといえるだろう。だからそこで育つ子どもたちには，人間として成長していく上で自然とのかかわりがどうしても必要であると考える。

ならば，その自然とかかわるということにどのような意味があるのだろうか。まずは，子どもの視点にたって自然・季節を考えてみたい。

(1) 気付きの場であること

子どもにとって自然とかかわるということは，「自然とかかわって遊ぶ」ということであろう。自然とかかわって遊ぶ子どもたちが，海や山の大きさに驚いたり，木々や草花の美しさに感動したり，空や虹の色の変化に不思議さを覚えたりすることはとても大切なことであり，こうして揺さぶられた心は，好奇心を生み，それが探究心へとつながっていく。

ここでいえることは，自ら気付くということである。知識や物事を教えられるのではなく，子ども自身が見て，気付くこと。そういう意味で自然は，気付きの場であるといえるだろう。

(2) 身体で感じることができる場であること

日本には昔から季節の変化があり，それは生活と密接に結び付いていた。私たちがはたらきかけるのではなく，季節の方から自然にやってきて，そのことによって不思議と時期を間違えずに芽生えてくるもの，死んでいくものがあった。それを私たちは身体で直に感じることで，自分たちもこの自然の恵みを受けて生きているのだということを実感してきたのである。子どもたちにとっては，それが豊かな感性を育む土壌になっていたと思われる。そういう意味で季節は，子どもたちが身体で感じることができる場であるといえるだろう。

それでは実際の保育ではどのような環境が必要で，どのような体験をすることが望ましいのであろうか。次に活動例を挙げながら見てみることにする。

2. 日常生活での活動例

(1) 春を楽しむ

1) 植物とのかかわり

事例 7-1　草花を使った色水遊び　5歳児　5月中旬

石けんを削りそれをムースにしたものでジュース屋さんごっこをして遊んでいた

アキコたちは，以前より石けんの乳白色以外の色を作りたいと考えていた。そこで落ちていた花びらに目を付け，水を入れた洗面器の上に砂場道具のザルを裏返しにして，その上でゴシゴシすりつぶしてみたのである。黄色やピンク色はなかなか色が出なかったが，赤は少し色が出てきた。それがわかるとアキコたちは「他にも色の出る花びらがあるかもしれない」と思い探してみたが，なかなか見つからなかった。するとイズミがアキコに「なんかガムの匂いがする葉っぱがあるよ」と声をかけてきた。一緒に見に行き，アキコもその匂いを嗅ぐと「ほんとだ，ガムの匂いがする。先生，何これ？」と聞いてきたので，「それはミントの葉っぱだよ」と答えると，「聞いたことある。ねぇ，これ使ってみようか」と言ってその葉っぱを持ってすりつぶしてみることにした。すると今度は緑色の水ができた。「ねぇ，この緑色の水もミントの匂いがするよ」とイズミが言うとアキコも「ほんとだ」と驚いた様子。それを石けんのムースに混ぜてみると，きれいな淡い緑色のムースが出来上がり，二人は大喜び。次にさっきの薄い赤色の水も石けんムースに混ぜてみると，今度は淡い桃のムースが出来上がった。

花びらや葉っぱをすりつぶしてジュースを作ろう！

人間の生活の中で植物の存在は欠かせない。だから子どもはいろんな遊びを通し，身近な自然である草花とかかわる経験を多くもつことによって，その美しさに心を動かされたり，季節の変化を知らないうちに感じ取っている。その中でも草花で遊ぶということは，それだけ植物に触れ，その特徴を知ることができるということで大きな意味がある。レンゲの首飾りやシロツメクサの冠などは昔から伝えられてきた草花遊びであるが，この事例で紹介した草花遊びは，草花を素材にした色水遊びである。

〈子どもの経験と育ち〉

a）色と匂い

落ちていた花びらに目を付けたアキコが，それをすりつぶしてみると，かすかに色が出た。花びらが色として使えるとわかったので，その他の花びらも試したいと思ったが，花を大切にすることも知っていたアキコは，付いている花びらを取ることはできない。そんな時イズミが匂いのする葉っぱの存在を知らせてくれた。それはミントの葉っぱで，二人の好奇心が葉っぱの匂いまでも気付かせてくれたのである。この経験は後日，新たにハーブの葉っぱの発見にもつながった。

b）季節によって素材が変わる

作った色を混ぜ合わせることによってまた違う色を作り出す喜びも味わったアキコたちは，秋になるとアサガオのしぼんだ花びらやヨウシュヤマゴボウの実をすりつぶして色水を作り，それらを混ぜ合わせてみるようにもなった。季節が変わることによって，植物の変化も知ることができるようになった。

〈指導上の留意点〉

色水遊びはだいたい絵の具を使って着色することが多いのであるが，あえて絵の具は使わないことにした。そこには市販のものに頼らず自分たちでどうやって色を作り出せるだろうかという保育者の思いがあった。そこで子どもたちは別の素材を探し出し，草花で色を作ることを発見したのである。

2）風が吹く場所

事例 7-2　風を感じ取る　4歳児　5月中旬

ビニールの買い物袋にナイロンロープを結び付けて2階のベランダから下に垂らしたサトルは，下からふわりと舞い上がってきたビニール袋に「おーい，タコがあがったぞー！」と思わず叫んだ。この日はちょうど園舎側から園庭に向かって風が吹いており，下からの吹き上げもあったようだ。何人かがサトルと同じようにタコを作り始めベランダから垂らしてみる。しかし今度はなかなか上にはあがってこないで，ロープを押したり引いたり揺らしたりしていると，ケンタのタコが飛んでいって園庭に落ちてしまった。それを取りに園庭に降りたケンタは，「これ，山の上であげてみるわ」と言って築山に駆け上がった。そして勢いよく駆け下りるとタコが上に舞い上がったのである。「あがったぞ！」と叫ぶケンタにサトルたちも「おれたちもそっち行くわ」と園庭に降りてきた。そして同じように築山の上から駆け下りてみるが，なかなか思うようにあがってくれない。その時サトルが「風が弱いんや！よーし，待ってみよう」と言って，みんなで築山に登り，頂上から風の動きをじーっと待っていた。しばらくすると「今や！」とサトルが叫び，みな一斉に築山を駆け下りると，タコが空に舞い上がり，それを見てみんなは歓声をあげた。

風を感じて，気持ちいい！

この事例の幼稚園は，一年を通じて風がよく吹く場所に立地しており，普段から子どもたちも風を肌で感じることが多い。この日はどちらかというと心地よい風が園舎側から園庭に向かって吹いており，サトルも今日の風の向きを感じ取っていたようだ。

〈子どもの経験と育ち〉

a）風と遊ぶ

2階のベランダから垂らしたビニールの買い物袋が意外にも舞い上がってきて，思わず「おーい，タコがあがったぞー！」と叫んだサトル。この気付きにケンタたちも駆けつけ，同じように試みたが，この日の風には波があり，あがらないままに途中で飛ばされてしまうことになる。しかしそれが幸いして，今度は園庭に降りたケンタが築山から駆け下りてタコを飛ばすことを思いつく。

b）風の強弱を身体で感じる

舞い上がったタコを見たサトルたちも園庭に降りることになるが，なかなかあがってくれない。ついにサトルはそれが風の強弱によるものであることに気付く。そして自分たちの感覚を研ぎ澄まし，風の動きを身体で感じ取ってタコをあげるに至った。

〈指導上の留意点〉

ここでいうタコは，たしかに技術的にはなんの工夫もない，単なる買い物袋である。本当にあげるのが目的なら保育者の援助も必要であろう。しかし彼らはこの買い物袋で風を感じていたのは事実である。見えない風をこの買い物袋で受け止め，ついには風の強弱に気付いたのである。これは技術を教える以前に大気中の自然事象としての風を身体で感じ取った事例として意味があろう。

(2) 夏を楽しむ

1）砂と水とのかかわり

事例７-３　水，爆発や！　５歳児　６月下旬

砂場でペットボトルやトイをつなげて水を流していたユウタたちであったが，一番初めに保育者が設置したトイの高さがなかなかうまく固定できず，水が途中でこぼれたり逆流したりして流れない状態が続いていた。砂山を高くしたりしてなんとか水を流そうともしたが，勢いがすぐ止まってしまう。そこで責任を感じた保育者が「逆に砂を掘ってみてはどうか？」と提案すると，「よし，やってみよう！」と砂山の下をスコップで掘り出した。すると高低差がどんどんついていき，水が勢いよく流れ出した。その水の勢いに砂が徐々に崩れていき，穴が開いてきた。「よし，もっと掘るぞ！」とユウタが言うと「私，水汲んでくるわ」とレイコたちがペットボトルに水を入れに走っていった。穴はどんどん開いてそこに水が流れ込みいっぱいになった。するとユウタが「ちょっと待って，いいこと考えた！」と言ってトイをまっすぐ立てて，「この中に水入れて，いっぱいに！」と言う。そしてトイの中が水でいっぱいになったとき，「見とってやー，いくぞ！」と言って，そのトイをグイッと持ち上げたのである。すると水溜りの中から水がボカーンと音を立て盛り上がった。「すごいや，水，爆発や！」とレイコたちも驚いたが，やっていたユウタが一番驚いたようである。「もう1回しようぜーっ！」とユウタが言うと「わかった，もっと水持ってくるわ」とレイコたちは勢いよく走っていった。

「どんどん，水入れて！」

砂は，握ったり高くしたり掘ったり，また壊したりして，作ろうとするもののイメージに合うように使うことができる，子どもには最も身近な自然物である。そして水は，その砂の中で有効に活用され得る要素をもっており，両者はまさに子どもの遊びの意識を芽生えさせるもの，さらには展開・発展させるものの代表といえるかもしれない。

〈子どもの経験と育ち〉

a）砂の特性を生かす

これは5歳児の事例であるが，水がなかなか流れないという問題が生じた。そこで原点に立ち返り砂を掘って高低差を出そうとしたところ，子どもたちはあっという間に高低差を作り出し，水が勢いよく流れ出したのである。

b）水の力を知る

その水の勢いが砂に穴を開ける力をもっていると気付いたユウタは，トイを垂直に立て，その水の力がどんなものなのかを確かめようとしたのではないかと考えられる。するとトイの中の水は一気に噴出し，ボカーンという音とともに盛り上がったのである。彼らはそれを爆発と称し，水の力を間近で体験したわけである。この発見によってユウタの心は揺さぶられ，より意欲的に遊びを進めるきっかけとなった。

〈指導上の留意点と反省〉

水の流れ出しを高いところからスタートさせようと考えたのは保育者であった。トイを吊るしたり木で支えたりして高低差をつけようとしたのであるが，つなぎ目や固定が難しく水がなかなか流れないため，遊びが広がらなかったのである。そこでユウタに「逆に砂を掘ってみてはどうか？」と提案してみたところ，あっという間にトイの高低差を作り出していったのである。

このように，空間を生かした大人の知恵を提供するよりも，砂場本来の特性を活かした子どもの発想を大切にしたいものである。

2）光の不思議

事例7-4　虹が見えた！　3歳児　7月中旬

梅雨明けがずれ込み，午前中雨が残っていたこの日，午後になってようやく太陽が顔を出し，眩しい光が差すようになった頃，ハルカが「先生，あそこ，宝石みたいにキラキラ光ってる！」と，保育室の外のひさしの下に付いている水滴を指さして言った。保育者は子どもたちを連れてテラスに出てみると，たしかに水滴が太陽の光に照らされてキラキラ光っているのが見えた。そこで保育者は透明なビニール袋に水を入れてそれをみんなの前に差し出し，太陽にかざしてみた。すると中の水がキラキラ光っているのが見えた。「お日様の光でお水も光るんだね」と話すと，ハルカが「先生，虹が見えるよ！」と感嘆の声を出した。「ほんとだ，虹が見える！」他の子どもたちも一斉に振り向く。その水袋を通して地面に映った影の中に，たしかに七色の虹が見えた。

〈子どもの経験と育ち〉

a）不思議な光

水滴がキラキラ光っていることに気付いたハルカの思いをみんなとともに共有したいと考えた保育者の発案で，水の入った袋を太陽にかざしてみた。するとたしかにキラキラ光る水がそこには見え，子どもたちは神秘的な美しさを感じたことだろう。

b）虹ができた

ところが偶然にもハルカはもうひとつ，地面に映ったその水袋の影の中に七色の光を発見したのである。これは科学的にはその水袋を通った光の屈折率の関係でできたものであるが，子どもたちにとっては虹が見えたと大喜びであった。こうした自然が作り出す事象との出会いは子どもたちの心を揺さぶり，科学的な思考力を養うもとになるのではないかと考える。

〈指導上の留意点〉

自然事象の中には，あらかじめ予測できないことが度々あり，このような自然事象に関してはできるだけその時期を逃さずに，適切に保育を行う必要がある。子どもの何気ないつぶやきに耳を傾け，保育者も共感し，共に感動することが大切である。

(3) 秋を楽しむ

1）落ち葉のある風景

事例 7-5　落ち葉から生まれた怪獣（3 歳児　11 月中旬）

秋も深まってくると，幼稚園の園庭の木々も色を変え，葉っぱが落ちるものが増えてくる。子どもたちはその中できれいな落ち葉を集めるのが大好きである。そんなとき，遠足で樹木公園に遊びに行くことになった。

落葉樹の多いこの公園はこの時期，赤や黄色，茶色の落ち葉で埋め尽くされており，子どもたちは「見て見て，こっちに黄色のあるよ。あっちは赤や」と言いながらその上を歩いていった。そんなとき，ヒロシが「ほら！」と赤い葉っぱを手のひらいっぱいに持って撒き上げた。それがユキコの頭の上にかかり，それを見ていた他の子どもたちも次々に葉っぱを持っては頭からかぶり，みんなで落ち葉の掛け合いっこが始まったのである。保育者も一緒になって胸いっぱいにかかえた落ち葉を撒き上げると，ユキコがそれを見て「わぁー，雪みたい」とつぶやいた。「ほんと，落ち葉の雪だね」とユキコに共感すると，ヒロシも保育者に負けまいとより高く落ち葉を撒き上げ，みんなそれぞれに葉っぱを掛けたり掛けられたりしながら楽しんでいた。

落ち葉のシャワーだ！

ガオガオ怪獣だぞー！

やがてカケルが落ち葉の中からさらに大きい葉っぱを見つけ，穴が開いているところから覗き込み，「ガォー！」と叫びながらやってきた。「すごいね，カケルくん！」と答えると，今度はみんなの方に「ガォー！」と向かっていった。ヒロシがすかさず「その葉っぱ，どこにあったの？」と聞いて，何人かの子どもたちと探しに行った結果，なんとあっちからもこっちからもいろんな形の穴の開いた葉っぱを持ったガオガオ怪獣が出現したのであった。

落ち葉は，子どもたちが秋を感じることができる身近な自然物といえる。今まで緑を成していた木々が黄色や赤，茶色に変化し，やがて落ち葉になっていく様は，子どもたちの目にもはっきり感じ取ることができる。それは幼稚園の園庭であったり，登降園時の通園路の街路樹であったり，子どもたちが日々目にしている光景の中にある。

〈子どもの経験と育ち〉

a）落ち葉の中で遊ぶ

一面に広がる落ち葉の山，大きな木々などは，園庭とはまた違う空間であり，子どもたちはより一層感覚をはたらかせることができるだろう。だからその機を逃さず，落ち葉で思いっきり遊んだり，その感触を味わったりすることはとても大切なことである。さらに木々を揺らす風の音も緑を成していた頃と違い乾いた感じがするとか，冬の訪れを感じさせるかのような冷たさもその中から感じ取ることができるなど，そんな感覚もこの秋の樹木公園で体験することができれば幸いである。

b）想像力を養う

もちろん3歳のこの時期は，落ち葉でどう遊ぶかというより，落ち葉そのもので十分遊ぶことが大切であるから，落ち葉の掛け合いっこをする様子を見て，雪を連想したり，穴が開いている大きな落ち葉から覗いて「ガォー！」と表現したカケルの姿を見て，それをまねする子どもたちの姿は3歳らしいといえるかもしれない。この見立ては保育者もまねをすることでそれぞれがガオガオ怪獣となり，遊びが始まった。これらの体験は想像力を養い，豊かな感性を育てるもとになるだろう。

〈指導上の留意点〉

この時期，園外の公園に出かける試みは，秋を意識させる意味において大切な体験であると考える。ここで保育者は，子どもたちの気付きに共感し，一緒に遊びを楽しむことによって，子どもたちの興味・関心や想像力を高める手助けをすることが大切である。

2）どんぐりの町

事例7-6　どんぐりを使って（5歳児　10月下旬）

秋はどんぐりや松ぼっくりなどの木の実を拾いに出かけることが多くなる。この日も散歩に出かけた近所の公園でビニール袋いっぱいにどんぐりを集めた子どもたちは，それぞれ何個集めたかで数を競い合っていた。「ぼく20個集めた」「ぼくは25個や」と言い合う中，並べて比べてみようということになり，自分のどんぐりを一列に並べ出した。その結果「ぼくが一番や」とユウスケがその数を確認すると，「そうや，このどんぐりの家作ってやろう」と言い出して，箱を持ってきてその箱の中を厚紙で区切りだしたのである。そして，何人かも同じように箱でどんぐりの家を作り出した。タケシは玄関だといって箱の縁をハサミで切り，ドアを付けていた。ユウスケは「ぼく，2階も作ってやろうと」と言って厚紙を折り曲げ階段を作っていた。こうしてお互いの家を見ながら発想がどんどん広がり，それぞれのどんぐりの家が出来上がっていった。その後そのどんぐりを箱の中のいろんな部屋に入れたり，散歩させたりする姿が見られた。

そこで保育者は「せっかくどんぐりの家を作ったんだから，それらを合わせてひとつの町を作ってみたらどう？」と提案してみると，それを聞いたタケシが「いいねぇ」と応えたのを合図に，今までバラバラに作っていた子どもたちがひとつの町を作るために相談し，今度は協力してどんぐりの町を作り始めた。

ここはドングリたちの公園だよ！

〈子どもの経験と育ち〉

a）見立てて遊ぶ

これは秋の自然物どんぐりを使った事例であるが，ここでは数を把握するために一列に並べた行為が，一つひとつのどんぐりをしっかり認識させ，あたかも一人，二人と感じさせるような思いを抱かせたようである。たしかに子どもは草木やぬいぐるみ，製作物などを自分と同じように生命があるものと思い，物事を考えたりしゃべったりするかのように考えることがある。このように人間に見立てられたどんぐりならば，家を作ってあげたいという発想は起こり得ることであり，家という実際の生活空間を想像することによって玄関や2階という発想もでてきたのである。

b）創造力を養う

こうしてそれぞれの家が出来上がったわけであるが，保育者の提案をきっかけに今度はお互いが協力し合って町作りという活動を始めることになった。家から町へ，自分たちの生活体験をどんぐりという自然物を通して再現していく活動は，子どもたちの創造力を大いに養うであろう。

〈指導上の留意点〉

それぞれがどんぐりの家を作って楽しんでいるところに保育者は，今度はどんぐりの町を作ってみないかと提案してみた。そこに町という題材を与えることによってひとつの協力態勢ができないかと考えたのである。また5歳児ということもあって，集団で作り上げる活動を見せてほしいという願いもあった。その試みはタケシの「いいねぇ」という一言でさっそく実行に移された。発達段階によってそれなりの活動のきっかけを与えることも保育者の役割である。

（4）冬を楽しむ

1）氷とのかかわり

事例7-7　キラキラ光る氷の壁　4歳児　1月下旬

その日はこの冬一番の冷え込みだった。しかし朝から青空が広がりまぶしい太陽が顔を出している中，白い息を吐きながら登園してくる子どもたちがいる。するとアキラが「先生，幼稚園のプール凍っとる！」と血相を変えて飛び込んできた。すぐに子どもたちと一緒に見に行くと，プール一面がカチンコチンに凍っている。「氷や氷，割れないぞ！」とアキラが手で叩くがびくともしない。「すごいや，でもお日様あたると解けるかもしれないぞ！」「まだ大丈夫や，先生，氷取って！」とお願いされたが，ここはまだ様子をみたいと思い待つことにした。するとアキラが「乗ってみるわ」と言ったので，保育者が抱えてそーっと氷の上に乗せてみると，ミシミシと音がした。「だめや，割れるわ」と言って氷を覗き込むと「中は水みたいや，動いてる」と水の気泡が動いているのを発見した。そこで「じゃ，割ってみようか」と保育者が金属棒と金づちを使って，なるべく細かく割れないように配慮しながら割れ目を入れると，パカーンと音を立ててプールの氷が二つに割れた。

「割れた！割れた！」と叫ぶ子どもたち。保育者二人がようやく持ち上げて，子どもたちの前に立たせると子どもがすっぽり入るぐらいの大きさで，結構厚みもあり，思わず「すごいや」と歓声があがった。そこに園舎の横から太陽が顔を出し，氷の壁を偶然にも照らすと，その壁がキラキラと輝きだしたのである。その様子に「きれいやね」とつぶやくサユリ。すると「ミノルの顔，へんな顔や」笑い出すアキラ。そんなアキラに今度は「アキラもへんな顔や」と氷のあっちとこっちで顔を見合わせている姿が見られる。周りのみんなも同じように顔を付き合わせていると，その氷の感触に思わず「冷たーい！」と叫んでいた。

プール一面に大きな氷ができた！

〈子どもの経験と育ち〉

a）氷の特性を知る

氷はどの家庭でも冷蔵庫で作ることができるが，日常のしかも戸外で発見できたことは子どもにとってこの上もない喜びであったように思う。そして子どもたちの興味は，叩いても割れないということに集中した。実際にアキラが乗ってみた実験や金属棒と金づちで割ったこと，そして自分の目で確認した氷の厚さなどを考えると，確実に氷の強さを実感していた。また「お日様あたると解けるかもしれんぞ！」という言葉に，日なたと日かげの関係や日当たりと寒さの関係を結び付けて考えていたことがうかがわれる。太陽の光によって温度が上がり氷が解けるのを知っていたようだ。

b）氷で遊ぶ

その氷が偶然にも太陽の光を浴びてキラキラと光るという現象に「きれいやね」と感動を覚えた子どもたちは，自然が作り出す神秘の光をまるで魔法のように捉えたようである。そしてアキラとミノルが見せた氷の壁を通してのにらめっこ。その顔は氷の屈折を通して少し歪んで見えたのであるが，それが子どもたちにとっては実に面白い現象だったようだ。それをまねして始めた子どもたちも次第に氷に顔をくっつけてお互いを見るようになった。当然氷はガラスと違って冷たいわけであるから，その感触も大いに楽しめたわけである。まさに自然が作り出した不思議な発見のひとときであった。

〈指導上の留意点〉

冬，特に氷などの事象はいつ起こるかわからないため，自然の変化に依存しているといえるかもしれない。それだけに機会を逃さないことが大切で，これは，アキラの「先生，幼稚園のプール凍っとる！」という言葉をきっかけに取り上げることが可能になった事例である。

ここでは保育者がすぐに氷を割るのではなくて，待つことでより自分たちで確かめようと思う気持ちが強くなったと考えられる。

2）雪とのかかわり

事例 7-8　みんなでビニールシートのそり遊び　3 歳児　2 月上旬

昨日から降り続いた雪が幼稚園の園庭を一面の雪景色に変えた。今日はその雪も一段落し，太陽も顔を覗かせている。子どもたち（3 歳児のみ）は待ってましたとばかりに一斉に園庭に飛び出していった。まずは雪の感触を確かめるように団子作りをしている子。一方で砂場道具のシャベルやスコップを使って雪かきをしている子など，いろいろな遊びが始まったのであるが，その中に築山からゴロゴロ転がってくる子どもたちを発見した。彼らはすべり台のようにすべりたいのであるが，まだまだ雪が柔らかくてなかなかすべらない。仕方なくまた転がっていくのである。そこで保育者は，ビニールのシートを持って築山の上にあがっていった。「これを下に敷くとすべることができるよ」と言うと，ノブオはすぐにそのシートの上に乗ろうとした。しかしツルツルすべるシートに「怖い，先生一緒に乗って」と言い出した。そこで保育者の前に乗せて一緒にすべり降りると，その面白さに思わず笑顔がこぼれた。それを見ていた子どもたちが「ぼくもやりたい」「私もまぜて」と築山にやってきた。彼らは初め，保育者と一緒にすべることを楽しんでいたが，何回かすべっている内に次第に自分たちだけですべれるようになる子も出てきた。ノブオもその一人で，今度は友達と一緒にシートに乗り，そり遊びを楽しんでいた。

雪山で遊ぶ子どもたち

これは雪が降る地域の事例になってしまったが，大人にとってはやっかいな雪も，子どもにとってはワクワクする自然事象の代表的なものといえるだろう。雪と戯(たわむ)れることはそれだけで立派な体験をしていることになり，とにかく思いっきり遊ぶことが大切である。園庭一面が銀世界におおわれた日は学年に関係なく遊びたい気持ちが湧き上がってくるものである。

〈子どもの経験と育ち〉

a）雪で遊ぶ

これは3歳児の事例であるが，園庭に飛び出した子どもたちは，新雪の上を我先にと走り出していった。当然足をとられて転ぶ子もいたが，雪のふんわりした感触が冷たさを越えて彼らの体を包み込んでいたようである。手袋の上からでは，なかなかきれいな雪団子は作ることはできないようだが，必死で作ったり掘ったりしている姿に雪のもつ魅力を十分感じ取ることができる。

b）遊びを自分のものにしていく

その中で築山から転がり降りてくる子どもたち。彼らはどうやら築山からすべり降りたいようなのであるが思うようにいかないらしく，とにかく転がっている。その繰り返しもまた楽しい遊びなのであるが，すべりたいという思いをかなえるために保育者がビニールシートを用意した。しかしそのシートを3歳児はどう扱っていいのかわからないため，まずは保育者と一緒にすべることになったのである。これが呼び水となって子どもたちが集まってきた。そこで代わる代わる保育者と一緒にすべることになったわけであるが，シートの使い方を学んだノブオたちは，自分たちですべることを覚えた後，ついには友達と一緒にすべり出した。

〈指導上の留意点〉

ここでも大切なのは保育者が一緒になって楽しむことである。その姿を見ることによって3歳児には安心感が生まれ，次のステップに移ることができるのではないかと考える。3歳児は繰り返しの中からいろんなことを学んでいく。そして保育者も子どもと同じように体験することで，その学びも確実なものになっていくと思われる。その意味で雪は身体で感じる体験が大いにできる自然事象であるといえるかもしれない。

3. 自然・季節とのかかわりの意義と保育者の援助

（1）自然・季節とのかかわりの意義

活動例で示したように子どもたちはいろんな自然事象に対し，自ら気付いたり感じ取ったりすることによって，その変化に心揺さぶられ，驚いたり感動したり不思議に思ったりする。その感覚は豊かな人間性の原点であり，自然への畏敬や愛情を育むことになるであろう。また，その感覚の刺激が興味・関心を誘い，より深い観察力を引き出すことになる。さらにその観察力の深まりは新たな感動をもたらす。

この経験の積み重ねによって子どもたちは，自然と共生していけるような能力や態度を身に付けることができるのである。またより高度なものや複雑なものに挑戦する意欲や積極的な態度も養われていくことにもなるだろう。これらの育ちは，人間が成長していく上でとても大切なことであり，将来にわたって自分たちの生きる基盤となることだろう。

(2) 援助の要点

第一にいえることは，自然事象は日々変化しているものであるから，取り上げる機会を逃さないようにすることである。特に子どもが一番興味をもった時期を見逃さないことが大切で，保育者としては，その自然事象とのかかわりにおいて，常に子どもとともに驚き，感動し，不思議に思う気持ちを忘れないようにしたいものである。

第二に保育者の思いにこだわらないことである。自然事象に子どもの目が向くように，保育者がなんらかのはたらきかけをする場合，なんとか気付いてほしいという思いが強すぎると，逆にそれが子どもの気付きの芽を摘み取る原因になることがある。また，指導計画にあまりにも忠実すぎると，逆にそれに縛られて，子どもの気付きを見落としてしまうおそれがあるので十分注意したい。

第三に保育者は，気付かせようとするのではなく，子どもたちはいったい何に気付いているのかを読み取ることが大切である。そして，その気付きや子どもの発達状況に応じて，保育の形態や内容を臨機応変に変えることも必要である。

最後に子どもが生活の中でありのままの自然事象とかかわる機会が少なくなっている現在，保育の場において，できるだけ多くの自然事象を子どもたちに体験させてほしいと願うものである。

■参考文献

中沢和子・小川博久編著：保育内容環境［第2版］，建帛社，1989
文部科学省：幼稚園教育要領〈平成29年版〉，フレーベル館，2017

第８章 地域社会・施設とのかかわりにおける子どもの育ち

1．子どもにとっての地域社会・施設

(1) 子どもと地域社会

子どもも大人も日常生活の営みは，地域社会の中で行われる。子どもにとっての地域社会を考えるとき，まず大人として，また保育者として，地域社会をどう捉え，どのようにかかわっているか考えることが必要であろう。地域の特性や個人によって，かかわり方の度合いは違うであろう。近隣の人とのかかわりはどうであろう。幼稚園や保育所等の，同じ地域に住む保護者同士のつながりはどうであろう。親密さが感じられるであろうか。むしろ希薄さを感じないだろうか。こうした現在の状況を踏まえて，子どもにとっての地域社会を考えなければならない。

保育所や認定こども園の３歳未満児は，天気のいい日よく近所を保育者と一緒に散歩する。なじみのある近所の方や通りがかりの人とも，子どもや保育者は会話を交わし，子どもも大人も心が和む。ある保育所に通う子どもとのつながりで，保育所の近所に住む方が，自宅で育てた大輪の菊の鉢をその保育所に下さった。散歩がてら２歳児たちがお礼に行く。こうした自然で日常的なかかわりは，家族および親族と保育者や友達に続く，子どもを取り巻く人間関係の広がりとして大切にしたい。

計画的な子どもと地域の人との交流は，お年寄りを招いての会食，敬老会への参加，施設訪問の小学生や中学生との遊びなどがある。しかしこれらにとどまらない。近隣の空いている畑を植物の栽培のために借りたり，地域で活動しているお母さんたちが園で人形劇を演じてくれたり，地元の人たちがメンバーの合唱団が歌声を披露してくれたり，大学生のサークルによる大道芸，紙芝居や手品のおじさんなど，発掘すれば多種多様である。これらは子どもたちにとって，興味深い楽しい経験であり，この経験により地域への親しみが増す。地域社会にあって人間関係の希薄さを覚える現代である。しかし，子どもをめぐって大人を巻き込んだ地域との交流は，様々な試みによりその可能性が広がると期待する。

(2) 子どもと施設

子どもの生活に関係する地域の公共施設には，駅・警察（交番）・消防署・郵便局・図書館・博物館などがある。これらの施設を訪ね，そこではたらく人の仕事について聞き，そしてその施設を実際に利用することは，子どもの生活経験を豊かにするものである。また，そこで得られた経験が，ごっこ遊びなどの遊びの中に反映されることがある。見聞したことが子どもたちの中に取り込まれ，遊びとして活かされている。上に挙げた施設のほかに，園によって独自にかかわりをもっている施設もある。例えば，老人福祉施設や児童養護施設，少年院など。子どもははじめて出会う人と，構えることなくいつも通りにかかわっている。

(3)「共生社会」を目指して*

子どもや私たちが住んでいる身近な地域社会から視野を広げ，日本さらに世界に目を向けよう。すると，多くの人々が様々な困難で緊迫した問題に直面している現状を知る。地震や津波やハリケーンで多くの人々が愛する人や家を失くしている。21世紀になっても紛争やテロは続いている。国連が2015（平成27）年に採択した「持続可能な開発目標」によると，1日1.25ドル未満で暮ら

---

*　『シードブック　保育内容人間関係〔第3版〕』（建帛社，2017）第1章4. 共生と領域「人間関係」参照のこと。

す貧困層が8億人以上。この貧困をなくせないか。5歳まで生きられない子どもは600万人。予防可能な死亡は根絶しよう。そして，すべての子どもを小学校へ。これらの達成目標は2030年としている。

人々が平和に共に生きていくことができる共生社会を目指すとき，まず，①現実を知ることから始まる。新聞やテレビ，インターネットなどの情報や書物により，日本や世界の出来事や情勢を知ることができる。次に，②想像することが大切である。重大な出来事や悲惨な状況を知り，他人ごととして見過ごさず，その人たちの置かれた状況からその人たちの気持ちを想像する。そして，③助けを必要としている人々に，自分は何ができるか考え行動する。一人の力は小さく，“何もかも”できなくても，“何か”はきっとできる[*1]。子どもの成長にかかわる保育者がこうした意識をもつことは大切である。

子どもたちとできることは何か，ある保育所の活動を紹介しよう。

クリスマスの数週間前にクリスマスツリーを用意する。子どもたちは困っている人たちのことを覚え，自分たちのおやつやおもちゃを我慢して，保護者にそれらを買ってもらう分のお金を，ツリーのそばの小箱に入れる。そしてひとつツリーに飾りを掛ける。保護者の理解と協力もあり，クリスマスにはたくさんの飾りがツリーに掛けられる。子どもは，自分の幸せを他者に差し上げ，分かち合う喜びを感じることができる。小箱に寄せられたお金は，クリスマス献金と一緒に，助けを必要としている方たちに毎年贈っている。

2節で述べる「子どもフェスティバル」は，2004（平成16）年10月に襲った中越地震の被災地の方々のために行った活動例である[*2]。その後の東日本大震災など様々な災害に通じるものである。

＊1　世界で何億もの人々が極度の貧困の中で苦しみ，毎日，はしかや結核など予防可能な病気で1万6,000人の子どもが命を落としている。一例を挙げるとワールド・ビジョン・ジャパン（特定非営利活動法人）は，開発途上国の貧しい地域に住む子どもたちと交流をもちながら，その子と家族，地域の自立を支援している。

＊2　本書で取り上げた事例は「第2回子どもフェスティバル」で，第1回はドイツ「平和村」（アフガニスタンやイラクなどの戦争で，傷を負った子どもたちを治療し，元気になって本国に帰す活動をしている）のために行った。

2. 地域社会とのかかわりの活動例

(1) 地域の敬老の集い

近くの小学校の体育館を会場に，地域に住むお年寄りの方々を招いて敬老の集いが行われた。そこに5歳児が出演した。この保育所の中では，毎年子どもたちの祖父母を招いて，子どもたちと一緒に遊び会食をする催しが行われている。しかし，この集いは見知らぬ大勢のお年寄りの方が観客である。広い場所で，しかも高い舞台の上であったが，20名の子どもたちは，和太鼓に合わせた遊戯（運動会で演じた）を一所懸命披露した。熱心に見ていたお年寄りの方々は，子どもたちの力強い太鼓の音と勇ましい姿に元気づけられたと思う。

お年寄りを前にして「エイヤッー」

前年は5歳児30名全員で，「桃太郎」の劇をミュージカル風に仕立てた作品を演じた。精一杯演技をしたものの，壇上での数分間の発表で，果たしてお年寄りの方がどのように感じられたのかわからなかった。しかし，この敬老の集いの後，散歩中の子どもたちを写真に撮って，子どもたちへの手紙を添えて何度も保育所に届けてくれた方がいる。また，箱庭作りを趣味にしている方が，子どもたちに見せてくださった。この集いを通じて，地域の人との交流が浸透していった。

(2) 子どもフェスティバル

1) 目的の設定

a) 目　的

年が新しくなった1月，3～5歳児の全員に，2月19日に行われる「子どもフェスティバル」について，主任保育者から次のような提案がなされた。

① 子どもフェスティバルは子どものお祭りだが，今回は子どもが楽しませてもらうお祭りではなく，子どもが周りの人を楽しませることを楽しみとするお祭りであること。

② いつもは自分たちがしてもらうことを考えるのだが，今回は誰かに喜ばれるためにする，それを考える。

③ 自分で考えてやりはじめたことは，最後までやり通すこと。途中で自分がお客様になって楽しみたい，食べたいと言わないで我慢できること。それができると思った子どもたちが行う。お父さん，お母さん，小さいお友達（3歳未満児），小学生等がお客さんで，お客さんはお店で買ったり，食べたり，ゲームをしたり，劇を見たりして，10円～100円お金を払う。

④ 売り上げは少ないかもしれないが，何のために使うかを皆で相談すること。

以上の提案に対し子どもたちは考えた。③の自分は我慢して人のためにしてあげられるかに対し，数人の子ども（主に3歳児）は，自分もお客様になりたいと考えた。しかし，多くの子どもたちが趣旨に賛成し，子どもフェスティバルを行うことに決まった。

b) 地震被災者の方々のために

売り上げの使い道については，保育者が誘導しないよう何に使ってもよいという思いで投げかけた。みんな考えていたが，ひとりの3歳児が「地震の所にあげようよ」と言った一言で，みんな大賛成をした。

何をあげるかについても，子どもたちから毛布，ふとん，お家，お金，おもちゃ，食べ物などいろいろ出されたが，ある女児が「お花の鉢を贈りたい」と意見を出した。みんなも賛成し，何鉢贈れるかわからないが，雪に埋もれている仮設住宅に入居している人たちに，一足早い春を贈ることができたらということになった。「先生，お手紙もあげようよ」と言う提案も出た。みんなで考え，意見を出し合いながら，子どもフェスティバルへの思いがひとつとなって，高められていった。

具体的な活動は，年齢毎に分かれて子どもたちと話し合いがもたれた。

2）5歳児の活動

a）5歳児のねらい

・人のために自分ができることを考える。人に喜んでもらうことが自分も喜びであることを感じる。

・自分で決めたことを最後までやり通す。

・アイデアを出し合い，工夫しながらでき上がっていく楽しさを味わう。

・自分の役割をもちながら，友達と協力して行う。

b）出し物についての話し合い

お客さんは，保育所の3歳未満児と小学生と保護者であることを確認し，その人たちのために自分は何ができるかアイデアを出し合う。自分がやりたいことを自由に発言し，1時間で60種もの案が出た。大別すると，食べ物，ゲーム，手作り品，舞台，サービスになる。舞台では，和太鼓の演奏，劇，踊り，創作紙芝居，マジックショー。サービスではマッサージ屋さん。

次に30人の子どもたちは，自分の入りたいグループに分かれて何をやるか相談し，決める。

・ゲーム　　ゴルフ，こま対決，糸引き，ボール入れ

・手作り品　　人形の服，ビーズ，髪飾り，マスコット，コースター

・食べ物　　カレーライス，目玉焼きパン（ロールパンに目玉焼きとキャ

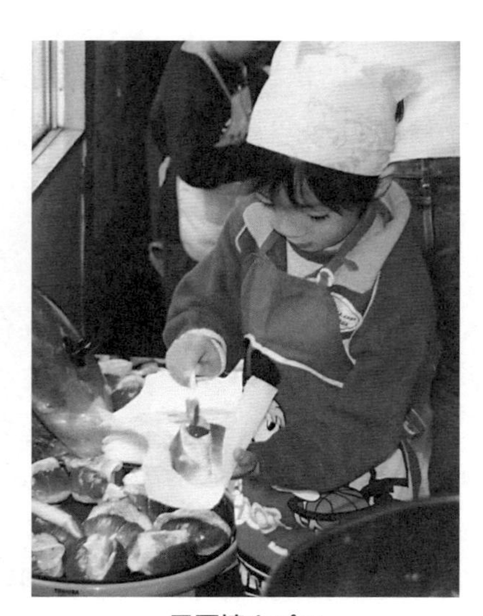

目玉焼きパン

ベツをはさむ)

・劇

・マッサージ屋

c）計画と準備

ポスター作りとお店の看板やのぼり作りは，各グループで準備や練習をした。

・ゲーム　　ルールを決める。使うものを作る。

・創作劇　　お話の筋をメンバーのみんなで作り上げる。配役を決める。劇で使う紙芝居やお面を作る。劇（歌，踊り，合奏も含む）の練習をする。

・手作り品　　デザインを決めて作る。

・カレーライス　　100 円で売っても材料を買っては利益がでない。材料を集める方法を子どもたちと相談し次のような意見が出た。

① 家から野菜（じゃがいも，にんじん，玉ねぎ等）を持ってくる。

② 自分のお小遣いで買う。

③ お母さんにお願いして買ってもらう。

④ お母さんのお使いをして，お釣りをもらって買う。

⑤ 八百屋さんにもらう。

この中から最終的に①と②が決まり，「お小遣いで買いたい人と，お家から持ってくる人と，どちらでもいい」ということになった。子どもたちはお家の人にお願いの手紙を書いた。保育所からも保護者の方へ文書を出し，子どもたちの手紙の趣旨を理解し，協力を願った。子どもの手紙を紹介しよう。

「子どもフェスティバルのカレーやさんにつかいたいので，にんじんとかたまねぎとかじゃがいもをちょうだい。じしんにあったのひとたちに，おはなをかってあげたいので，おねがいします」

「たまねぎとカレーことおこめとおにくをじぶんのおかねでかいます。もちろん，子どもフェスティバルのカレーやさんがあるからかいます。ざいりょうがないのでかいます。じぶんのおかねでかってもいいですか」

保育所から，保育所が利用している近所の八百屋さんに子どもフェスティバルの目的を話すと，快く野菜を寄付してくれた。材料が揃い，前日に5歳児全員でカレーを作った。

d）フェスティバル模擬

前々日，子どもたちだけで模擬を行う。3～5歳児の子どもたちの半分がお客さんになり，半分がお店の人になる。お金の代わりにボタンを使った。次に役割を交代する。本番にどのように動いたらよいかを確認した。どちらの役割も楽しく，一所懸命に取り組み，フェスティバルに向けての期待と意欲が高まった。

e）当　日

数週間前よりインフルエンザがはやっており，当日3分の1程の子どもが欠席した。そんな中で，各チーム少ない人数でがんばった。この日は保育参観（参加）も兼ねていたので，最初に保護者に各担任から，これまでの経過がビデオと口頭で説明された。その後フェスティバルが開催された。びっくり劇場では，愉快な心温まる劇「びっくり物語」が演じられ，拍手喝采を浴びた。公演後五人のメンバーは，マッサージ屋になり，お客さんの肩をたたいたり，優しくもんだりし，大好評だった。ゲームも3歳未満児や小学生や大人も十分楽

手作り品コーナー（5歳児）

びっくり劇場（5歳児）

しむことができた。1時間半の間交替なしでやり遂げた。

3）4歳児の活動

a）4歳児のねらい

・自分が楽しむことを考えるのではなく，他の人を楽しませてあげられることを考える。
・そのためにはどのようなことが自分たちはできるかを考え，自分の意見や思いを発表し，話し合うことができる。
・最後まで友達と一緒にやり通し，達成感を味わう。
・他の人のために行動できることを経験する。

b）話し合い

3～5歳児全員の話し合いにより，前述したように子どもフェスティバルの目的が決まる。その後4歳児だけで，子どもフェスティバルで自分たちの力で何ができるか話し合う。全体の話し合いで気持ちが高まっていたためか，たくさん意見が出た。いくつものゲーム，食べ物，歌や踊り，手作り品が上がった。その中で，どれがいいか，どんなふうにしたらいいか，保育者と一緒に考え話し合いながら，次のように決まった。

・ゲーム　　宝探し（砂場に宝物を埋めて山を作る。それ以外にも山を作り，宝物の山を当てる）
　　輪投げ（品物をたくさん置いて，投げた輪に入った品物がもらえる）
・手作り品　　髪止め，ピン止め，お面，おもちゃ（赤ちゃん用，たこ）

c）準　備

フェスティバルにはどんな準備が必要か子どもたちと考えた。お店屋さんの看板作り，手作り品の製作，ゲームに必要な物の作成が挙げられ，これらは20人全員で行うことにした。

製作は，いないいないばあー（動物のお面で，目が隠れたり見えたりする），お面（風船の張子で作る），ヘアーゴム，髪飾りなど数日かけて取り組む。年齢別の活動時間以外にもやり続けていた。みんなで自分ができる物，作りたい物に取り組み，でき上がるまでやり通すように保育者は心がけた。

みんなで作り終わり，ゲーム係と手作り品係に分かれる。ゲームを実際にやってみて，どのような役割があるのかがわかり，保育者と一緒に自分たちの分担を決めた。

フェスティバルの目的やねらいを，子どもたちの力で達成できるよう模擬が2日前に行われた。お店の人とお客さんに分かれて行い，本番にどのように動いたらいいかがわかった。当日に向けての意気込みが感じられた。

d）当　日

この時期インフルエンザが4歳児でも流行し，休む子どもも多かった。またしばらく休んでいてこの日登園した子どもは，周囲を見ながら徐々に活動に加わっていった。

手作り品コーナーでは，大きな声で「いらっしゃいませー」と声をかけ，赤ちゃんのおもちゃのコーナーでも，お客さんを喜ばせよう遊ばせようと一所懸命取り組んでいた。

輪投げの係は二人しかいなかったが，自分たちで役割を決めながら活動していた。宝探しは五人の子どもたちが，お客さんを並ばせる子，ゲームの説明をする子，景品を渡す子，ベルを鳴らす子，当たったか確かめる子に分かれ，交代しながら行い，終了時間が20分も過ぎてもやり通した。

1時間30分の間，子どもたちは休憩もせず最後までやり遂げた。

e）指導上の留意点

・全員で行う継続した大きな活動であるが，日頃の保育同様，一つひとつの過程を大切にし個々の子どもの適切な指導が必要である。

・活動を進めるとき，子どもたちが具体的に何が必要で，どうしたらいいかを考え，子どもたちと一つひとつ確認しながら行う。

・フェスティバルに向けて準備や製作に取り組むとき，そのことにのみ気持ちを向けず，フェスティバルの目的を心にとめ指導する。

・日常のいろいろな場面で，子どもが友達や他の人のために気持ちよく動くことができるよう，保育者も子どもとかかわっていく。

4）3歳児の活動

a）3歳児のねらい

行事においていつも楽しませてもらう立場の子どもたちが，子どもフェスティバルでは，周囲の人に楽しんでもらうことを楽しく行うという全体の大きなねらいがあった。それを踏まえ，3歳児は，次のねらいをもって取り組んだ。

- 全員で楽しいものを作り上げようという思いを一つにする。
- 一人ひとりが他の人のためにできることを考え，そして発表する。

いないいないばあ（4歳児）
お面売場

b）子どもとの話し合い

主任保育者から子どもフェスティバルについて話があった後，年齢別に分かれ具体的な話し合いに入った。3歳児の全員に，もう一度ねらいを説明してから，「みんなにはどんなことができるか」と投げかけた。中には，よくわからない子どももいたが，多くの子どもたちが意欲的に発言した。意見があっても恥ずかしくて発言できない子どもは，後で個別に聞いて，できる限り32人全員から案を集めた。作って売るもの，食べ物，ゲーム，見せるもの（手品，歌，踊り），いろいろなお店屋さんで，21種類もあった。4，5歳児の出し物と重ならないようにし，3歳児は，この中から「帽子屋さん，凧屋さん，歌と踊り」をすることにした。どれがやりたいか子どもが選んで決めた。そして，自分で決めたことは，最後までやり通すように，みんなで確かめ合った。

c）準備と練習

・帽子屋さん　　子どもたちにどんな帽子がいいか聞き，それをもとに保育者が見本を作り，羽のついた帽子，とんがり帽子，冠を作ることになった。材料を用意し，子どもたちが作りたいものを3種類の中から選び，子どもができるところは自分でやり，難しいところは保育者が補助し，作り方を教えながら作った。さっと仕上げる子どももいれば，時間のかかる子どももいる。早く作り終えた子どもがまだできない子どもを手伝い，子ども同士で助け合う様子が見られた。

・凧屋さん　　いろいろな形や和風の絵の描いてある凧を本で見た後，和紙にクレヨンで自由画を描き，絵の具で色づけをした。保育者が，竹ひごと凧糸で仕上げ，子どもたちは試しに飛ばし，完成を喜んだ。

・歌と踊り　　今まで歌ってきたいろんな歌で歌いたい曲を出し合い，14曲の中から「カレンダーマーチ」と「北風小僧の寒太郎」に決めた。後者の方は，子どもたちが振り付けを考えた。

最後の準備として，それぞれ担当の出し物の看板を作り，自分の担当を確認した。準備が整い，本番のように品物を並べて子どもたちだけで模擬を行った。

交代でお店屋さんとお客さんになり，互いにやりとりをする中で，「いらっしゃいませ」「ありがとうございました」とお店屋さんらしい言葉が自然に出ていた。

d）本　番

模擬とは違い，子どもたちはお客さんを相手に一所懸命声を出して呼びかけ，弱音を吐くこともなく，最後までやり遂げることができた。

e）指導上の留意点

・全員で楽しいものを作り上げようという思いが一つになる（活動のねらい）よう，みんながアイデアを出し合うようにする。

・保育者が強く誘導しないように心がけながら，ところどころ保育者の思いやアイデアなどを入れて話し合う。一緒に作り上げるうちに，フェスティバルへのイメージがふくらんでいく。

・材料は保育者が用意し，作品（品物）はできるだけ子どもたちの手で作り上げるよう心がける。

「いらっしゃいませ」

帽子屋さん

5）子どもの経験と育ち

保育者は子どもたちの自主的な発言や思いを大切にし，それをできるだけ実現できるよう助言し，援助していった。そして保護者の協力を得て，子どもたちの力と知恵を結集し，このような大きな行事を成し遂げることができた。収益金は5万円を超え，計画通り桜草の鉢植えを100鉢購入することができた。そして，一つひとつの鉢に4，5歳児は絵と手紙を3歳児は手作りのしおりを添えて，被災地の方々へ送ることができた。そして，二人の方から写真と心のこもったお礼状が届いた。

a）5歳児

「人のために自分ができることを考える」このねらいについて，毎年保護者が行う夏祭りがヒントになった。つまり，自分が楽しかったことを，他の人にしてあげたいと考えた。これがきっかけとなり，自分たちができること，やりたいこと，得意なことなどアイデアを自由に出し合うことができた。時間をかけてみんなで考え合うことで，自分の意見や考えを発言し話し合うことができた。

病欠する子どもが多く，手作り品のチームは手が足りなかった。そこで他のチームの子どもたちが手伝い，多くの品物ができた。5歳児全員で取り組んでいるという思いで，足りないところは助け合い，協力し合うことができた。

それぞれのゲームは二人で担当し，任された。自分の考えをもっていないと先へ進めないので，それぞれが意見を出し合い自分たちのやり方を見つけていった。目玉焼きパンや劇，その他すべてにおいて，自分たちのアイデアが形になっていく面白さを体験することができた。

ひとつの目標をもってみんなで計画し，力を合わせて達成できたことに，子どもたちの成長の姿を見ることができ，1か月後の卒園を前に子どもたちに大きな自信を与えたと思う。

b）4歳児

夏祭りで自分たちが楽しかった体験をもとに，他の人が楽しむには自分は何ができるか考えて話し合うことができた。ひとつの目的に向かって，自分たちのやるべきことを最後までやり遂げることができ，達成感を味わうことができた。そして，人のために楽しく働くことができたという貴重な体験は，子どもたちの自信となり，今後子どもたちの心に根付いていくことが望まれる。

c）3歳児

3～5歳児の縦割りクラス（「ファミリー」と称している）の中で3歳児は一番小さいので，これまで受身的に4，5歳児に楽しませてもらうことが多かった。最初に主任保育者から子どもフェスティバルについて話があったときも，何人もの3歳児がお客さんになりたいと手を上げた。しかし，話し合いや準備を重ねるうちに，受け手ではなく与える側になって，自分たちみんなで一緒に楽しく，作り上げようという思いが一つになった。そして，最後まで意欲的に販売や演技を行った。これは，自分たちが楽しく行っているだけでなく，同時にお客さんも楽しんでいるという二重の楽しみを味わっていたからだろう。

被災地の方々に，お花の鉢に手作りのしおりを添えて贈った。お礼の手紙と写真が送られてくると，自分たちの思いが遠くの被災地の人たちに届いたことに満足した表情であった。半年経った後にも，子どもたちのお祈りの中に被災地の人たちへの優しい言葉が出ていた。この活動を通して，身近にいない人に対しても人を思いやる気持ちが育てられていった。

3. 施設とのかかわりの活動例

(1) 感謝祭を通して

3～5歳児全員が集まり，それぞれ家庭から持ち寄った果物を並べて感謝祭のお話を聞き，秋の実りを感謝した。また，自分たちのために地域で働いてくださっている人たちのことを知り，年齢ごとに持ち寄った果物を持って訪問し，感謝の気持ちを伝えた。

1) 警察署・・・3歳児

3歳児クラスでは，警察署や警察官がどんな仕事をしているか，子どもたちと考え話し合った。「警察官のお仕事ってなんだろう」という問いに，次のような発言があった。

・泥棒や悪いことをした人を捕まえる。
・困っている人を助けてくれる。
・事故のないように見ていてくれる。

こうした発言を受け止めながら，警察官は，私たちが安心して安全に暮らせるように守ってくださっていることを話した。そして，私たちのために一所懸命働いて下さっている警察官のところへ，「いつもありがとう」とみんなが持ち寄った果物を届けに行こうと話した。

警察署（交番）に着くと，警察官が子どもたちを温かく迎えてくれた。そして，警察官が，制服や身に付けている防具などを説明してくれ，子どもたちは興味深く聞いていた。そしてかごに入れた果物を，感謝の気持ちを込めて「ありがとうございます」と渡した。

2) 消防署・・・4歳児

感謝祭に各家庭から果物を持ってきていただきたい，と手紙でお願いしてあるが，子どもからも果物を持っていく意味を保護者に伝えるように話した。その果物を持って消防署に行った。消防士の人からどんな仕事をしているか話を聞き，「ありがとうございます」と感謝の気持ちを込めて，果物を渡した。

保育所での避難訓練や消防訓練のとき，年に3，4回消防士の人が保育所に来て話や実演をしてくれる。また消防車の仕組みの説明を受け，3～5歳児が一人ひとり実際に消防車に乗せてもらう。消防士になりたいと思っている5歳児は，「消防士になるには，どうしたらいいか」と質問をした。「たくさん遊び，勉強もして，強い体と心をもった人になることです」と答えてくれた。こうした消防士の方とのかかわりにより，消防士や消防署へ関心が深まった。

3）病　院・・・5歳児

5歳児は保育園医である，歯科と内科の先生の病院へ行き，「いつもありがとうございます」とあいさつをして，持ち寄った果物を渡した。この活動を通して，地域で様々に働いて下さっている方たちがいるから，自分たちが安心して毎日が過ごせるのだと発見した。勤労感謝の日が近く，また年長児にとって「大きくなったら・・」という夢を描く頃でもあり，『大きくなったらなんになる？』などの絵本を見ながら，様々な仕事へ興味をもつきっかけとなった。

(2) 少　年　院

園長が教誨師（きょうかいし）*である関係で，同じ県内にある少年院のクリスマス会に4，5歳児が出演している。保護者の了承は取ってあるが，子どもたちに「大きいお兄さんにページェントを見せてあげたいけど，どう？」とたずねる。「いいよー」と，本番のクリスマス会を終え，緊張も解け満足していた子どもたちは乗り気だった。みんなにイエス様の誕生を知らせ，一緒にクリスマスをお祝いしようという気持ちで張り切っている。

広い講堂には，20歳前後のお兄さんが100人以上いる。舞台は高く，やりづらい場所であろうに，子どもたちは堂々とページェントを演じた。当日風邪で欠席した子どもがいた。急きょ代役に決まった子どもは，リハーサルもしないで本番に臨むが，立派に歌い演じた。友達の役を補いみんなでやり遂げるこ

＊　民間の篤志宗教家で，矯正施設（刑務所，少年院など）において，収容者の信教の自由を保障しつつ精神的安定を与え，真に＜人間が人間になる＞という人間性の回復の道へと導くことで，社会復帰に寄与している。

とができた。また掛け合いの楽しい歌では，少年たちも手拍子を打って「ハレルヤ」の声に応えていた。キャンドル・サービスでは，子どもたちが少年のところへ行き，一人ひとりのキャンドルに火をともした。子どもたちは，キャンドルの光に気持ちを一心に向けていた。その真剣な表情の子どもたちの行為を，少年たちは素直にそして気持ちよく受け止めている様子だった。後日少年たちのお礼状が届き感想が書いてあった。子どもたちの一所懸命な演技や厳粛なキャンドル・サービスは，少年たちの心に触れる貴重な体験となった。少年の詩を紹介しよう。

キャンドルサービス[1)]

ろうそくの光を見つめ　僕は祈った
あの小さな子らが　いつまでも元気でありますように
僕達のような人間にはなりませんように
僕はろうそくの光をつまんで消した

あれ　自分のことを祈るのを忘れた
今まで他人のことを考えるなんてしなかったのに
これが素直さ？
優しさ？
よくわからないけど
なんかとても気持ちがいい

■引用文献

1)生活詩集　若い木の詩，八街少年院発行，p.20，1991

■参考文献

池田香代子再話・C. ダグラス・ラミス対訳：世界がもし100人の村だったら，マガジンハウス，2002

第９章 情報環境・文化財とのかかわりにおける子どもの育ち

子どもは，映像をはじめとした様々な情報・メディア，家庭および地域社会のつくる環境の中で育てられる。映像やメディアからは娯楽の楽しみや自分たちの知らない世界の知識などを，家庭・地域社会からは生活の知恵と技能などを獲得してきた。しかし現在，子どもたちの周りには多くの情報が氾濫し，一方で家庭・地域社会の教育力は弱まり，子どもの育ちに暗い陰を落としている。ここでは，それらの情報環境と家庭・地域社会にある文化財とのかかわりを通して，乳幼児期における生きる力の芽生えとしての「自己充実感」「自己達成感」を大切にした子どもの育ちを取り上げたい。

1．子どもにとっての情報環境と文化財

(1) 情報環境・文化財とは

情報環境は，マスメディア（新聞，テレビ，ラジオ，雑誌など）をはじめ，インターネットの世界を含めた様々な媒体物（メディア）を通してもたらされる。それは，人間生活のあらゆる分野とかかわっている。

他方，文化財とは，文化財保護法（第２条）によれば，有形文化財（建造物，美術工芸品など），無形文化財（演劇，音楽，工芸技術など），民族文化財（生活様式，風俗習慣およびその用具など）および記念物（史跡，名勝，天然記念物など）などを意味している。

この章では，特に子どもの生活と密接にかかわる情報環境としてテレビ・パソコンを，文化財としては家庭生活機器・地域の行事や遊びを取り上げたい。

(2) 情報環境・文化財へのかかわり

情報環境・文化財は子どもにとってどのような意味をもっているのだろうか。それは言葉をかえれば，子どもが情報環境および文化財に対して「どのように受け止め，どのようにはたらきかけているか」ということになろう。

1) 探索行動への意欲

例えば，大人や年上の子どもあるいは同年齢の友達がパソコンやゲームを操作する姿に憧れ，模倣しようとすることは，子どもたちによく見られる。子どもにとって新しい物，珍しい物，少し抵抗感を与える活動は，子どもの感性に訴え，探索心を引き起こし，参加，探索行動に導く。情報環境・文化財はそれらの端緒として重要な役割を果たしている。

2) 事物・人との一体感―達成感・自信

このような探索行動は幾度となく繰り返され，また遊びとしても再現される。次第に活動は円滑に進行し，子どもたちの達成感や自信を引き出してくれる。また，そのような活動の中で，その場の雰囲気にとけ込み，物や周りの人たちとの親近感・一体感を呼び起こす。例えば，伝統行事・生活習慣には，そのような雰囲気をつくり出す要素が多くある。

情報環境・文化財は，それらの子どもの育ちにおおいにかかわっている。その具体的な姿は，前項，次項とも併せ，次節の事例を通してみていこう。

3) 物の多面的特質への気付きと技術の学習

情報環境・文化財は，自分で考え，選択する活動を子どもたちに導く役割ももっている。子どもたちは，情報環境・文化財に触れることによって，物を扱う技術，物の知識（物の多面的な特質など）を広げていく。さらにはたらきかけによって変化する姿を理解する。例えば，次節の事例 9-3 で挙げた「おもちつき」という伝統行事の中で，米に手を加えながらおもちに加工していく作業は，物の多様な変化と特質に気付かせる。この多面的理解から，物の意味を変えて見立てをしたり（見立て行動），さらに，違った物同士を関連付けることができるようになる。この関連付けができるのは，目に見えないが心の中で描き出すイメージする力（想像・思考）が育っているからである。

2. 情報環境・文化財にかかわる活動例

この節では，情報環境・文化財にかかわる子どもたちの活動や遊びを取り上げ，子どもたちがどのように日常生活の中で情報環境・文化財に出会っているのかを具体事例を通してみてみよう。

(1) テレビ・パソコンにかかわる遊び

事例9-1　マジレンジャーごっこ

今日も年中児男子七人は，「キャー，キャー」，「パン，パン」大声を出しながら，保育室を走り回っている。「マジレンジャーごっこ」の展開である。テレビではマジレンジャーは五人であるが，当人たちはおかまいなく全員マジレンジャーになりきっている。手にしているのは，くるくる巻いた広告紙あるいはブロックをつないだ「魔法聖杖ダイヤルロッド」である。年中児男子七人が，テレビの「マジレンジャー」に引きつけられるのは，怪獣をやっつけるかっこよさにあるようだが，不思議なことにこの場には怪獣が登場していない。人数が多くても，怪物がいなくても友達と一緒に同じように走り回るだけで満足である。

〈感動から模倣への意欲〉

男児は，日頃からマジレンジャーが大好きである。テレビのマジレンジャーは，視覚に訴える「絵本」と違って，視覚と同時に強烈な音と動きを伴って子どもに迫ってくる。必ず全員「魔法聖杖ダイヤルロッド」に見立てた「広告紙を丸めた杖」を持っている。子どもたちの心をを揺さぶったのは，怪獣をやっつけるヒーローの「かっこよさ」である。心を揺さぶられた子どもたちは，ヒーローの活躍を再現しようとする意欲に駆り立てられる。ここに模倣活動が展開する。

〈模倣の繰り返しから一体感—見立て活動〉

幾度ともなく模倣活動を繰り返すうちに自分自身がマジレンジャーであるか

のように一瞬思いこむ。日常と違った行動に子どもたちは開放感と日頃の自分と違った新しい自分を感じ取る。しかも仲間と一緒に行動することは，安心感を与え，いやがうえにも行動を昂揚（こうよう）させる。この場では，参加人数は模倣活動の展開に支障を与えない。七人それぞれがマジレンジャーに変身し思い思いに走り回る。テレビで活躍するのは五人であるが，子どもたちにとっては，人数は問題ではない。

「マジレンジャー」のイメージ（心の中に描き出すはたらきや像）を持続させるためには，まだ視覚と触覚に訴える小道具（魔法聖杖ダイヤルロッド）が必要であるようだ。小道具なしでも遊びを持続させるための自立したイメージは，十分に育っていない。全員同じような行動をとっており，また怪獣不在でも気にせず展開できるのは，まだ役割意識が育っていないためであろう。

事例 9−2　パソコン遊び

みんなで絵本を見る時間，3歳女児エミが何冊も絵本を抱えてきて机の上に並べた。保育者は「だめでしょう！」と注意するが，「今，お勉強するのよ」と言って，横に絵本を何冊も積み重ね，その向かい側に絵本を立て，パソコンの形を作り上げる。まるで本物のパソコンを操作するように，指を動かし「カチャ　カチャ」と声を出しながら打ち始めた。保育者の「何してるの？」の問いかけに，「お手紙，うってるぞー」と力強く答える。視線は絵本の画面を真剣に見つめながら，手と指と口を協応させ，「カチャ　カチャ」の音を続けた。

隣の子もそれを見て，並んでパソコンごっこのまねをし始めた。

〈模倣から意味づけられた行動へ〉

エミはまるで実際のパソコンを操作しているかのように，手，指，目と音を総動員して活動に没頭している。既にエミは，家庭でパソコンを操作する父親にせがんで，パソコンで遊んでいる。時には，「オセロ」ゲームのソフトで遊んでいるようだ。そのせいか，手慣れたように手と口だけでなく，打ち出される文字を追うように視線を動かしている。まるでパソコンと一体化しているようだ。開放感とともに，「パソコンを打っている自分」との出会いを体感しているのではなかろうか。それを横目に見ていた子どもは，エミに「かっこよさ」を感じ，さっそくまねをし始める。パソコンは子どもたちの好奇心を刺激し，触ってみたい欲求をつのらせる。

エミは，「お手紙，うってるぞー」と答え，ただパソコン操作のまねだけでなく，e メールを送るといった自分の行動を意味づけている。エミの母親に聞けば，最初はまず「キー」を叩けば，画面に文字や絵が現れることに興味を抱いたようだ。そして次第に，e メールを送るといった目的（イメージ）にそってパソコンを利用するといった意味をもった行動に変化していったようである。

（2）伝統行事・生活習慣に触れる

事例 9-3　園でのおもちつき

地域のライスセンターのご好意で，お正月明けの3学期，園庭で「もちつき」が行われた。日頃子どもたちは「電気もちつき機でおもちを作るよ」というように，おもちは「つく」のでなく，他の料理のように「作る」と表現している。

それだけに園でのもちつきは，今まで昔話や絵本からの情報の実現とあって，興味・関心は高まっていった。

現実に「蒸す」前のお米を見たり，蒸気で「蒸され」ていく姿に目を見張っていた。石臼でいよいよ杵（きね）（子ども用）を握らせてもらい，一人ひとりが手伝ってもらいながら「ついて」いく。「一人でやる」との子もいる。「ペッタンコペッタンコ」の仲間のかけ声に励まされ，杵を下ろすと「ふにゃあ」と横に倒れたり，臼のふちに当たったりする。それでも誰も笑ったりしないほど真剣そのものである。

体験した子どもは，杵を手放し，はじめて笑顔になって「重かった」「重てえー」「手がビンビンする」と手のひらを眺め

おもちつき

たり，手をこすったりしている。お手伝いの母親は，三角巾をかぶり，エプロン姿で終始にこやかに見守っている。つきあがると，一斉に手早くおだんごに丸め，あんこ，きな粉，大根おろしの3種類を作り上げる。年少組から室内でおもちを食べる。

〈遊びでは得られない体験〉

子どもたちは日頃，既に素材が加工されたものを食べている。作り出される過程を見ることも，まして自分で作り出す経験はほとんどない。「重かった」「重てえー」「手がビンビンする」と手のひらを眺めたり，手をこすったりしている姿に見られるように，遊びと違った作業の厳しさを感じ取ったようである。

〈連帯感・一体感を生み出す〉

同時にもちをつく作業に参加でき，「ペッタンコ　ペッタンコ」の仲間のかけ声のリズムと「つく」動きが同期したとき，子どもは緊張感とともに「もちつき」の雰囲気にとけ込み，参加した人々（子どもを含めた大人たち）との連帯感・一体感を体感したに違いない。雰囲気は目に見えないが，文化財として子どもを包み込む役割をもっている。

事例9-4　初えびす

「初えびす」は，1月5日この地域の古いお寺で行われる「おもてなし」の行事である。嬉しかったお正月の雰囲気を保った中で，おっ様（住職）からお祝いの言葉と「おでん」のふるまいを受け，お菓子を頂く。

行き帰りには，お正月の食べ物やお年玉の話が盛り上がっていた。「お年玉○万円もらったよ！」と自慢げに話している。

〈仲間と一緒に地域へのとけ込み―楽しい雰囲気〉

この行事に参加した経験のある子どもが多くいたため，始めて参加した子どもも仲間の楽しい雰囲気の中で抵抗感をもたなく参加できた。家庭，幼稚園・保育所等と違った地域社会の施設での行事に仲間と一緒に参加できたことは，地域社会の伝統に触れる機会となった。

事例9-5　しめなわ作り

お祭りのための「しめなわ作り」を体験するために，地域の公民館に子どもたちを連れて行く。「先生，しめなわを作るんだよね」と納得していた子どもたちは，部屋へ入るなり「くさい，くさい」と連発し，鼻をふさいだ。普段嗅ぎなれない「わら」のにおいに対しての反応である。

「わら」のにおいにも慣れ，お年寄りから一人ひとり直に「なわ」をなうことを手ほどきされる。「痛い」などと手をふりながらも「なわ」になっていく移り変わりに目を見張っていた。

お年寄りの手際のよさには，「じょうず」「すげー」の感動の言葉が聞かれた。

〈製作への意欲を高めるため，手際のよいモデル〉

「しめなわ」という伝統的な生活用品の製作に挑む子どもたちである。「くさい」とか「痛い」といった製作への抵抗感を乗り越えさせたのは，指導者が模範として見せた手際よさであった。そのことが子どもたちに「かっこよさ」と「まねをしたい」という意欲をもたせることができたのである。

(3) 調理を通して生活機器を経験する

事例9-6　クッキー・ケーキ・かしわ餅作り

子どもたちをグループ分けし，調理台としての机が決められ，保育者が作り方を説明する。子どもたちは，待ちに待ったことが「いよいよ」とやる気満々で，保育者の説明に「わかった」と力強く返事をしたり，大きくうなずく姿が見られた。

ケーキ作り　5歳児

粉をふるいにかけるところから始まった。粉で白くなった手を見つめる子どももいる。次に電動泡立て器を扱う作業は，意外と力が強いので真剣に熱中している。やわらかな感触が快いことを実感し，みんなで手のひらで押したり，指を立てたりして触ってみる。保育者は小刀でイチゴのヘタ取りの手本を示した後，子どもが挑戦した。デコレーションの場面に一番熱中し作業に打ち込んだ。

クッキー作り　3歳児

子どもたちは，保育者の準備した「きじ」を「型抜き器」で形を作り，「オーブン」の「天板」に並べる手伝いをする。形の多様さを作り出す型抜きに歓声があがる。

かしわ餅作り　4歳児

かしわ餅では，あんこをまるめ包み込む作業と「かしわ」の葉を巻く作業は，難しかったため，出来上がると子どもたちの達成感を満足させた。

「食べたことある」「おいしいよ」「うまくできたなあ」「お母さん，パンも作ったよ」「みつ豆もお母さん，作れるよ」などなど，保護者の作ったものを思い浮かべて，現在の自分のものと重ね合わせていたようである。また「レンジに入れるんだよ」「オーブンで焼くんだよ」「蒸すんだよ」など，家庭での食べ物の作り方にも興味・関心が広がった。

クッキーはおみやげに持って帰れる分もあって大喜び，家で自慢げに作り方を伝える姿が想像された。

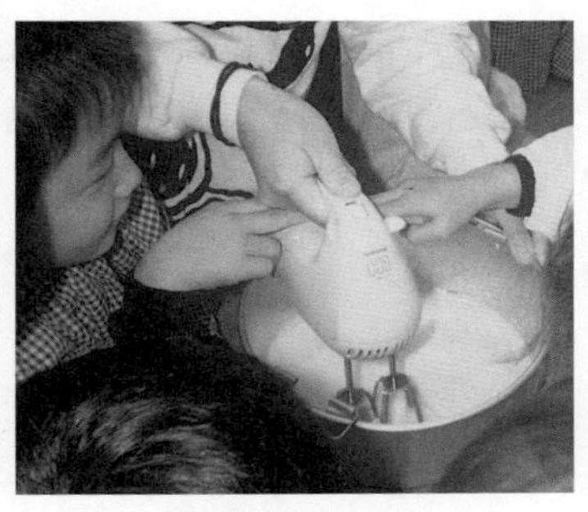

電動泡立て器

かしわ餅のつまみ食い

〈衣食住の機器に慣れさせる〉

最近の子どもたちは，家事から遠ざけられている。そのため生活に必要な知恵や生活機器を取り扱う直接経験が不足している。それを補うため幼稚園・保育所等でも家事を体験させる機会を設けたい。家庭では危険だとか，もたもたするとかで禁止されている機器使用も，保育者の援助・指導のもとで挑戦させることも大切である。

〈物および活動のもつ意味や多様性に気付かせる
―物と物，活動と活動を組み合わす経験〉

事例に挙げたお菓子作りでは，粉にいろいろはたらきかけることによって，形が変化していくことを体験させることが大切である。ケーキ・クッキー・かしわ餅は，いろいろな物や活動を組み合わせることによって完成する。子どもは，製作の一つひとつの段階を経験することによって，物と物，活動と活動とを関係付ける意識が育てられる。

(4)「アンパンマンごっこ」

次に挙げる事例は，２時間にわたって展開した一連の活動である。場所は園舎１階と園庭で，３歳児延べ三十人弱が参加している。アニメーションという子どもたちに最も影響を与え，情報環境を代表するメディアからの活動として詳しく追ってみた。

事例９-７　アンパンマンごっこ　その１

保育者は「ちびっこアンパンマン」の歌の CD を機器に取り付け，子どもたちが自由に扱えるようにした。子どもたちが流したアンパンマンの歌に合わせ，二人の保育者が振り付けて踊ってみる。

五～六人がそばに並んでまねながら踊り出す。だんだん増えて十五，六人になる。「みんな上手だね！“ちびっこアンパンマン”みんな好き？」の問いかけに「うん好き」「好き」とほとんどの子どもが答えるが，コックリとうなずくだけの子もいる。「ゆり組さんのみんなで“ちびっこアンパンマン”を踊って，運動会でお父さんやお母さんに見せてあげようか」。「うん，やる」「いいよ」笑顔で応答がある。

〈活動への意欲を高めるために―保育者の参加〉

先生の模倣で踊る子どもが，わずかな間にクラスの半数に達したことは，体を動かしてのリズム表現に快を感じ，充実するからである。

「ちびっこアンパンマン」の歌に合わせて，保育者とともに自発的に踊り出した子どもたちは，アンパンマンごっこへの興味・関心を高めた。さらに保育者の言葉がけによって，保育者の承認を得たものと受け取り，安定して遊びに参加する意欲を高めた。

事例 9-8　アンパンマンごっこ　その 2

保育室に十人近くの子どもがいる。それぞれ着替えをしたり，遊んだりしている。一人の保育者が保育室にとりつけられた倉庫を開け，中からアンパンマン，食パンマン，カレーパンマンのお面とマントを取り出そうとする。子どもたちは「あーっ見えたー」「アンパンマンだー」「マントもあるー」,「ちょうだい」「僕もちょうだい」とそれぞれが腕を伸ばす。次々に外にいた子どもまで集まってきて，お面をかぶったり，マントをつけたりしながら騒然となる。お面は全員には行き渡らない。保育者は，「みんなほしいの？　お面はね全員の分はないの，顔の紙はあるけど」と言葉がけをし，アンパンマンの顔の輪郭の形だけを描いた紙を渡す。「描けば，いいよ」「描くから，ちょうだい」うなずくだけで手を伸ばし顔の紙をもらって行く子どももいた。

すでに先生の描いたお面とマントを手にした子どもたちは，「アンパンマン誕生！」と叫びながら保育室から飛び出していく。

〈自己達成感のために—少し抵抗感のある環境設定〉

保育者がアンパンマンの小道具を出そうとしたとき，素早く見つけたことが直接の動機付けとなり，アンパンマンごっこへの関心が多くの子どもたちに広がった。

遊具を全員に行き渡るような準備をせず，数を少なく出して，子どもに抵抗感を与えようとしたとき，3 歳後半の子どもたちは，小道具を自分たちで作り出そうとする意欲が芽生えてくる。ただしこの事例の場合では，「描くから，ちょうだい」という子どもの要求に対して，顔の形を切らせることは，時間と子どもの技術力の点から無理があった。あらかじめ保育者が顔の形だけは切っておく必要があったであろう。

「アンパンマン」を特徴付ける小道具の準備・支えなしでは，この段階の子どもは，自分自身を「アンパンマン」と見立て，長く遊びを続かせることが難しそうだ。しかし，一方で「アンパンマン」のイメージから，自分で遊びに必要な小道具を製作して「アンパンマンごっこ」を展開できるようにもなっている。以下にその事例をみてみよう。

事例9-9　アンパンマンごっこ　その3

ベランダでコルクの積木を入れる容器の「キャスター付き整理かご（プラスチック製）」で二人の子どもが遊んでいる。「これは，アンパンマン車なんです」。保育者の「それ，自動車？　へー，それは早いのかな？」の問い掛けに，「すごく早いんだよ」と二人は車を押す。部屋への入り口の段差のところで車がつかえる。二人は「アンパンマン」と叫びながら，飛ぶまねをして車の中から飛び出す。

廊下でマリが泣いている。数人の子どもがさっと近づく。「どうしたんですか？ぼくは正義の味方アンパンマン，悪いやつをヤッツケてやる」。マリはずっと泣いている。子どもの一人が保育者を呼びにくる。「マリちゃん，どうしたの？」「あのね，誰かの足がマリの目に当たったの」。それを聞いてヒデオ「じゃあ，ぼくが誰かに聞いて探してきます。あっ，カレーパンマンがいる。カレーパンマンに聞いてみよう」。そこにいた男児全員が廊下を走っていった。

〈活動への没頭のために―見守る姿勢〉

保育者の問いかけにより，遊びに新しくアンパンマン車が登場する。「キャスター付き整理かご」をアンパンマン車として，意味を変えて遊びの中に取り込む。保育者が，子どもたち自身が遊び込むのをじっと見守ることによって，アンパンマンになりきり，泣いている子どもに対して加勢しようとする。共通の体験をすることにより，友達とのつながりが表れる。

事例9-10　アンパンマンごっこ　その4

園庭では，アスレチックに五人の男児がいる。一人ずつ中段の横から，「アンパンマンジャンプ」と言って，マントを広げて，次ぎ次ぎに飛び降りる。三輪車に乗っている二人の男児，「カレーパンマン1号」「カレーパンマン2号」と叫びながら走り回る。すべり台では下から駆け上がると，踊り場で両手でマントを広げながら，「アンパンマーン」「カレーパンマーン」「食パンマーン」と一人ひとりが大きな声を出しながらすべり降りる。

〈仲間づくりのため―友達との一体感〉

言葉の中に，遊びの相手を求めようとする芽生えが出てくる。仲間とのかかわりが意識されるようになる。さらに1号，2号と表現されているように，自分が他のカレーパンマンと違っていることをアピールしようとするはたらきが出てくる。友達と一緒に遊び込む中で，友達との一体化の体験をする。このような一体感が友達づくりの基盤となるようだ。さらに1号，2号といった「役割分担」の言葉がけにみられるように，「自分自身」を意識し始める。しかし，活動の仕方は全員同じである。さらに友達との一体感を体験できる多様な環境を準備したい。

事例9-11　アンパンマンごっこ　その5

帰り支度になる。ノリオ「今日，これ持って帰ってもいい？」とマントを見せる。保育者「うーん，今日は持って帰らないけど…，明日またしよう」「うん，明日もやりたい」，全員「やりたい，やりたい」。

みんなさっさとマントをたたみ始める。普段なかなかおもちゃも片付けないし，着替えの服もたたまないような子まで，保育者に何も言われなくてもマントを丁寧にきれいにたたみ，自主的に自分のロッカーにさっさとしまっている。

〈自発的な後片付けのために―充実した活動体験〉

このような子どもの育ちに保育者は感動した。今日の体験が，子どもたちになんらかの影響を与えたに違いない。子どもたちがアンパンマンごっこに遊び込めるように保育者が様々な配慮をしたために，一人ひとりの子どもはそれぞれ安心感と充実感をもったのではないだろうか。

3. 保育者の援助・指導の視点

情報環境・文化財にかかわる子どもの援助・指導は，子どもを取り囲んでいる生活への適応だけでなく，激動する家庭・地域社会においても，一人ひとりがたくましく生きる主体性と知恵を育てるものでありたい。別言すれば子ども自身が努力して，「自己充実感」をもたらす「生きる力」を育てることである。

「おとなになりたい」と願う子どもの努力を愛情をもって支え援助するのが，大人の役割である。決して大人が一方的にあまやかし，また強制することで達成できるものではない。子どもと一緒に努力するためにも，保育者はもちろんのこと周囲の大人自身が自分を広げ，深める努力が必要ではないだろうか。

この節では，第2節の活動例と関連させながら，現在間接経験の世界に取り込まれている子ども自身が，間接経験の一部である情報環境からの体験と同時に，直接日常生活および地域文化財にかかわる体験との均衡を保ちながら，積極的に「自分自身」を作り出していくための援助・指導の視点をまとめてみる。

(1) 情報環境・文化財を積極的に体験する意欲を高めるために

情報環境であれ文化財であれ，これらの興味・関心のある事物・事象に直接かかわろうとする意欲を高めることが「自分を作り出す」指導・援助の第一歩である。心と体を揺さぶられる感動体験は，子どもの興味・関心を高め，子どもたちはその経験を積極的に再現しようと試みる。

事例「しめなわ作り」の中の「くさい」「痛い」「じょうず」「すげー」にみられる抵抗感を乗り越える「かっこよさ」への憧憬。まずこれらの多様な感動を体験できる情報環境，家庭生活機器，地域施設・行事への直接的かかわり（見学，参加，利用，体験など）が大切である。そのため園生活の中にこのような感動体験ができる環境をできるだけ準備したいものである。

1) 映像環境とのかかわり

ここでは，情報環境の中でも子どもたちに大きな影響力をもつ映像環境について考えてみよう。たしかに映像場面（テレビ・映画など）は，強烈に子どもの視聴覚に訴え，幅広い感性を育てる。しかしそれは，画面から目に入る「眺め」「景色」「行動」そして「音声」から一方的に受け取るものであり，子どもからのはたらきかけから生まれたものではない。一方，コンピュータゲーム，知育ソフトでは，たしかに子どもは自分の手と指を動かして能動的に映像環境にはたらきかけをしている。しかし，この体験も子ども自身が主人公（ヒーロー・ヒロイン）となって敵をやっつけるのでなく，ただ映像の主人公を操作する活動に止まっている。そこで敵をやっつけたのは，映像の主人公であって子ども自身ではない。そこからは,「生きる力」に結び付く「自分がやった！」という「自己達成感」「自己充実感」は体感できない。

映像体験から展開する活動では，まったく主人公になりきって（変身）走り回るといった全身的活動でなく，主人公のミニチュア玩具を蒐集（しゅうしゅう）したり，弄（もてあそ）びに止まることもみられる。保育所・幼稚園等では，自分の体で主人公に変身し活躍できる援助・指導が必要である。映像環境からの感動を育てるためには，子ども自身が主人公の行動を遊びで再現することである。再現することで感動を自分のものとして体験することができる。保育者は，このような遊びが展開できるための時間，場所および遊具を準備しなければならない。

テレビ視聴の場合でも，テレビにお守りをさせるのでなく，保育者が時には一緒に視聴し，子どもとともに共感する機会をもちたい。もちろんその際，保育者は映像内容の善し悪しについての「選択眼」をもつ必要がある。

2）家庭機器とのかかわり

家庭機器（電気製品，調理器具，衣食住にかかわる器具など）の使用にかかわる感動は，事例にみられるように，巧みに使用する大人の「かっこよさ」，珍しい機器，ふだん利用禁止の機器によって刺激される。保育者は，機器の扱いに習熟しておく必要がある。

3）地域とのかかわり

「地域の教育力の充実にむけた実態・意識調査」（文部科学省生涯学習政策局生涯学習推進課，2002）によれば「いつも声をかけてくれる近所の人」がいるかどうかなど，地域の人たちとのふれあいが多い子どもほど，積極的な活動を希望し，日常生活の充足度も高いと報告されている。この調査対象は小学生以上であるが，幼児も保護者に手を引かれ，近所の人たちとのふれあいや行事に多くかかわることにより，抵抗感少なく安心して地域の人たち（子どもを含め）

にふれ，行事に参加することができるようになる。

また，「郷土の伝統や文化を重んじる気持ちを育てる」など積極的に地域社会の教育力を高めようとする運動が全国に広がっている。その運動の一環として「なつかしい遊びの会」とうたっての幼児を含めた「伝承遊び」の催しなどが挙げられる。手作りおもちゃで遊んだり，昔からのなつかしい遊びをお年寄りからの紹介で，子どもと大人あるいは子ども同士が親しみをもち，人とかかわる楽しさを体験できる場をつくっている。保育所・幼稚園等でも「敬老の日」などはお年寄りを招いて伝承遊びのコーナーを設け，遊びの時間を過ごしたりするところが多くなっている。今日では，親世代が幼少期に伝承遊びの触れ方が浅くほとんど経験していないため，伝承の担い手は祖父母となっている。

行事として設定される祖父母，保護者との「伝承遊びの会」では，とかくただ用具をそろえ，遊び方の説明をするだけで，いわゆる「教える」という外からの形式的なもので自己満足に終わるような場合が多い。

しかし本来伝承遊びは，子どもたちが作り出し，子どもたちによって伝え続けられてきたものである。夢中になって遊ぶうちに，子どもたちは体の使い方，力の入れ方およびリズムへのとけ込み方や製作の知恵を知らず知らずのうちに学んできた。遊びは明るくそして軽やかな開放感を味わうものであるので，大人が外から形を整え教え込むものではない。そのためにまず大人自身が，伝承遊びに楽しみを感じ，子どもたちと一緒に遊びにとけ込むことが大切である。

(2) 情報環境・文化財へのはたらきかけに没頭するために

子どもは，模倣や課題に挑戦するとき，必死になって環境（身の回りにある情報環境・文化財や仲間）と格闘する。また行事への参加が繰り返されると，次第に不安感・抵抗感は薄れ，その環境にとけ込まれたように行動するようになる。その主人公は，テレビのヒーロー・保育者でなく子ども自身である。自分の思い通りに活躍し，自己確認の芽生えとしての自己充実感を体感する。この自己充実感は，活動内容・方法を自分のものとして定着させると同時により高度な活動へと導く。このように活動に没頭するためには，以下が大切である。

第一にまず模倣活動が繰り返されることが必要である。保育者は，先を急ぐことなく，この活動の繰り返しを見守ることが大切である。別言すれば活動に慣れさせる時間を十分取ることである。

第二にテレビや漫画からの場合は，手足で触れ，操作できる遊具・代替物（主人公が映像場面で所持し，操作しているものに類似しているもの）が必要である。遊びが持続するためには，主人公のイメージを長時間支える具体的事物が不可欠のようだ。

第三に家庭機器の使用に集中させるためには，その場の楽しい雰囲気が大切である。その雰囲気の中で練習回数を多くしたり，活動に自信をもたせることである。そのためには，保育者の援助はもとより，日常の家庭生活での母親をはじめとする保護者の役割も大切であろう。

(3) 活動の技能・技術を高めるために

情報環境，生活機器用品および地域文化財とのかかわりが広がり，深められていくとき，子どもの育ちも広がり深まっていく。情報環境・文化財への興味・関心から出発して活動に集中・没頭するとき，子どもは活動成果の評価に興味・関心を移していく。事例にもみられるように，この活動では技術・技能が問題とされることも多く，子どもはより上手に活動を展開するために努力する。この努力を支えるためには，子ども自身の自己評価と同時になによりも信頼する保育者や仲間の評価が大きな影響をもっているのである。

また「あやとり」「お手玉」「こま回し」「竹馬」などの伝統遊びは，子どもの手足の巧緻性を育てるばかりでなく，仲間づくりにも役立っている。

(4) 豊かな見立て活動を展開するために

ケーキ作り，クッキー作り，かしわ餅作りでは，「粉ふるい」「電動泡立て器」「オーブン」「型抜き」「小刀」「缶切り」などの調理機器を使いながら，調理に挑戦する。機器を上手に扱えるようになると，それぞれの機器や自分の手のはたらきによって変容していく粉の姿に驚き，それは物の多面的特質を子どもに気付かせる。

この気付きは，子ども自身によって物と物，活動と活動を組み合わせて新しく展開する見立て活動への意欲を高める。その際には，活動へと導く保育者の環境設定が必要である。保育者は，危険の度合いに気付かせながら，日頃からできる限り自由に遊べる材料，自由な時間や邪魔されない場所を確保することが大切である。

さらにこの見立て活動を支えるのは，子ども自身が立てた目標・課題である。それは，活動を方向付け続行させるイメージと言い換えてもよい。イメージが自立していない子どもにとっては，それを支える「目に見えるもの」が必要となる。それは，アンパンマンが持つマントであり，アンパンマンのお面である。また，出来上がった「かしわ餅」「クッキー」である。子どもは代替物を身に付け，またモデルを見ながら活動を持続することができる。

(5) 保育者自身の情報環境・文化財とのかかわりと理解

第一に保育者は，情報環境・文化財に対し自らが感動をもち，それらがもつ多面的な特質を理解したうえで，子どもたちが自分たちで興味のある活動を作り出せる環境を準備する必要がある。

第二に保育者は，その活動の際，子どもに教えるといった姿勢・態度ではなく，子どもとともに情報環境や文化財にかかわることが大切である。

第三には，同時にその保育者の活動が子どもにとって望ましいモデルでなければならない。

以上のことを可能にするためにも，保育者は情報環境・文化財への理解とかかわりを日頃から広げ深める必要がある。

■参考文献

愛知幼児教育研究会編：遊びを広げ深める保育，中央出版，1990
霜山德爾：仮象の世界，思索社，1978

第10章 数量・図形への興味と認識の育ち

1. 子どもにとっての数量・図形との出会い

子どもは生活の中で，数量や図形に触れ親しむ体験を積み重ねていく。おっぱいを飲むとき，「たくさん飲んだね」「もうちょっと飲もうね」などと声をかけられたりする。遊んでいるとき，「いち，にの，さ～ん」「1，2，1，2・・・」などと，リズミカルに声をかけられたりもする。また，様々な大きさや形の食器を並べたり，フライパンやボールに興味をもち使ってみたりする。様々な形や大きさのおもちゃの中からお気に入りのおもちゃを見つけたり，タンスの中からお気に入りのイラストが描かれている洋服を探し出したりする。このように，日常生活の中で数量や図形にいろいろな形で出会っている。

園生活の中でも，子どもは保育者や友達とともに生活しながら，数量や図形に触れ親しむ体験を積み重ねる。鬼ごっこやかくれんぼなどをしているとき，「1，2，3，4，5，6，7，8，9，10」と数を唱える姿を見ることができる。リレーやサッカーを楽しむために，チームのメンバーの人数，点数や勝敗を数えたり比べたりする。積木を積み重ねたり，空き箱やプリンカップなどを組み合わせたりする。粘土遊びをしながら，様々な形をイメージしながら形を作ったり，偶然できた形を知っているものに見立てたりして楽しんだりする。砂場で空容器に水を入れて運ぶとき，たくさんの水を運びたいと大きな容器を選ぶが，たくさんの水を入れると重すぎて運べないと気付いたりもする。

このように子どもは身近な人やものとのかかわりの中で，数量や図形にいろいろな形で出会い，その出会いを通して身の回りに豊かにある数量や図形に触れ，それらに親しんでいく。そして，数量や図形に触れ親しむ体験を積み重ねることで，自分たちの生活や遊びの中で，数を数えたり，多い少ないを比べたり，様々な形を組み合わせたりしながら遊ぶことを通して，必要感をもち，数字や図形への興味・関心を深めていくのである。

2. 日常生活での活動例

(1) 園生活での数量への興味・関心

1) お休み調べ

園では，どのクラスも毎日お休み調べを行っている。3 歳児クラスでは休みの子どものマーク入り名札（子ども一人ひとりのマークを決め，マークと子どもの名前を対応させているもの）を保育室のホワイトボードに提示している。全員が顔を合わせる牛乳タイムには，保育者から「今日のお休みは，りんごマークの○○ちゃんとくるまマークの○○ちゃんのふたりだよ」などと，話題に取り上げている。

お休み調べ

1 学期中旬になると，3 歳児でも登園すると「今日はお休み三人だね」「今日はお休みいないの」「今日（七人お休みの日）は，たくさんお休みだね」などと，お休み調べを確認する子どもの姿が見られるようになってくる。

事例 10-1「先生，見て」 3歳児6月

毎朝，お休み調べを確認することから始まるトモキ。この日も「今日はお休みふたりだね」と教師に話しかけた後，登園時の活動を始めていた。

トモキ：「わ～，お休みがたくさんになっている」

お休み調べには，10枚ほどのマーク入り名札が余分に貼られていた。

保育者：「あら，本当だね」保育者はホワイトボードに向かった。トモキも保育者についてホワイトボードの前にきた。

トモキ：「ダメだよね。わからなくなるよね」

保育者：「みんなお休みになったら，びっくりするよね。今日のお休みはトンボマークのミカちゃんと，リスマークのエミちゃんのふたりだよ」

などと，会話を交わしながら，お休み調べのマーク入り名札を元に戻し，保育者もトモキも登園時の活動の続きを始めた。そのとき，ハルカが近づいてきた。

ハルカ：「先生，見て！（ニコッと笑ってお休み調べを指さした）」

教師が目をやると，またさっきと同じように10枚ほどのマーク入り名札が貼られていた。そばには，ハルカ，リョウタら数人が立って，ニコッと笑っていた。保育者と目が合うと「キャー」と少し離れた場所に走っていった。保育者はもう一度，元通りに直した。ハルカらは保育者の反応を見ながら，楽しんでいることがわかったので，様子を見ることにした。ハルカらはたくさんのマーク入り名札を貼ったり，全部片付けたり，自分のマーク入り名札だけを貼ったりと，マーク入り名札を動かして遊ぶことを楽しんでいた。しばらく繰り返した後，

保育者：「あれ，ハルカちゃんお休みになってる。今日はお休みだったかなあ」

と，ハルカに聞こえるように言った。ハルカは，ニヤッと笑って「ここにいます」と保育者に近づいてきた。

保育者：「お休みなのかと思ってびっくりしちゃった」

ハルカ：「おやすみじゃありませんでした」と，おどけて見せた。

〈子どもの経験と育ち〉

トモキはお休み調べに貼られているマーク入り名札がお休みの友達を知らせるために提示してあることを経験の繰り返しの中で理解していた。「今日はお休みふたりだね」などと，毎日確認するほど，身近なものになっていた。マーク入り名札の数（2枚）と休みの友達の数（2人）が対応していることを認識し，マークの数を理解していると考えられる。

ハルカにとってお休み調べに使うマーク入り名札は，お休みの友達を示してあるものだということより，自分で動かしてみたくなるものであった。事例の中でも，ハルカは保育者の反応を確かめながらマーク入り名札を動かして楽しんでいる。ハルカは，休んでいる友達の数よりも，たくさんのマーク入り名札を貼ったり，全部片付けたり，自分のマーク入り名札を貼ったりと，ホワイトボードに貼られるマーク入り名札の数の変化を楽しんでいる。ハルカにとってもお休み調べは興味をもち，かかわりたくなるものである。

〈保育者の援助とかかわり〉

保育者は，保育室に提示してあるお休み調べが，子どもが興味をもってかかわることができるお休み調べになるよう援助や環境構成もすることが大切である。そのために気を付けたことは，①いつも子どもの目に付く場所に提示すること，②子どもが自分で扱える高さ，素材でできているものであること，③毎日繰り返し知らせることの3点であった。

この事例のように，トモキとハルカでは育ちの違いや認識の違いから，同じお休み調べでも，かかわり方が異なる。しかし，どちらも3歳児の子どもの姿であり，保育者は両者の姿を受け止めることが重要である。ここで保育者のかかわりとして大切なのは，最初から「触ってはいけません」と子どもに教えるのではなく，お休み調べのマーク入り名札はお休みの友達の数と対応していることを知らせていくことである。そのことによって子どもは，マーク入り名札と友達が対応することを知り，さらには，マーク入り名札と数の対応に気付くきっかけになっていくのである。

2）製作コーナーで

保育室の中の製作コーナーには，子どもが自由に組み合わせて思い思いのものを作ることができるよう，空き箱やトイレットペーパーの芯，プリンカップ，新聞紙などの素材が準備してある。これらの素材は，はさみ，めうち，段ボールカッターなどの用具とともに，学年の発達段階に応じて準備されている。

事例 10-2 「もうひとつほしい」 3歳児9月

ユウ：「先生，キリン作りたい」

保育者：「どんなふうに作ろうか？」

ユウ：「足が4本あるの」

と，ユウが保育者に声をかけてきた。絵ではなく立体的なものを作りたいようだったので，箱を使って作ることを提案した。

保育者：「どうしたらできるかな。（材料箱の中から細長い箱を二つ取り出し）これ，首と顔になりそうじゃない？」

ユウ：「うん。足は？」

保育者：「そうだね，足どれにしようかな（材料箱の中をのぞきながら言った）」

ユウ：「（一緒に材料箱をのぞきながら）これにしよう」

と，トイレットペーパーの芯を手に取ったが，3本しかなかった。

ユウ：「三つしかない。（キリンは）足が四つあるの」

保育者：「3本しかないね」

ユウ：「もうひとつほしい」

保育者：「探してこようか？」

ユウ：「うん」

それから二人で，隣の4歳児クラスに行き，トイレットペーパーの芯を1本もらってきた。ユウは保育者と一緒に，小さな箱，細長い箱などを組み合わせて顔，首，体を作った後，4本の足をくっつけて完成させた。

〈子どもの育ちと経験〉

子どもが，製作コーナーで何かを作るとき，思い思いに組み合わせて偶然できた形からイメージを膨らませる場合と，イメージをもち，そのイメージを具体化していく場合とがあると考えられる。この事例でユウは，立体的なキリンを作りたいと考え，そのイメージに合う材料を選んでいる。材料を集める中で，数を意識していることが見えてくる。ユウがイメージするキリンの足は4本であるため，足の材料に選んだトイレットペーパーの芯が3本では完成することはできないのである。つまり，キリンという具体的なイメージをもとにトイレットペーパーの芯を4本にするために，あと1本ほしいと考えることができたのである。こうしたことから，4という数を理解しているプロセスが見えてくる。

〈保育者の援助とかかわり〉

この事例の中で保育者は，ユウがイメージに合う材料を自分で選ぶことができるようにかかわっている。また，1本足りない足の材料をすぐには差し出さず，ユウ自身に考えさせる場をつくっている。そのことによって，「三つしかない」，「四つあるの」，「もうひとつほしい」といった会話からもわかるように，数に着目することができたと考えられる。この事例は，3歳児の姿であるが，4歳児や5歳児の製作コーナーにおいても，同じように，「○○が3本ほしい」「あと2個」などと，数量を意識する場になっていると考えられる。

3）ごっこ遊びの姿から

事例 10-3 「ハンバーガー屋さんごっこ」 5歳児9月　（記録：濱田貴宏）

リナ：「いらっしゃいませー！」

保育室の一角から元気な声が聞こえてくる。ハンバーガー屋さんである。段ボールで作ったついたての窓から顔を出し，ドライブスルーのイメージでお客さんを呼び込んでいる。

保育者：「こんにちはー」

サエ：「はい，いらっしゃいませ！ご注文はなんですか？」

黄色いキャップをかぶりお店の人になりきっているサエに聞いてみた。

保育者：「何があるのですか？」

サエ：「そこにメニューが貼ってあるので見てください」

指さされたところを見ると，手書きされたメニューが貼ってある。

保育者：「ハッピーセットってどんなのですか？」

サエ：「ハンバーガーとポテトとジュースが付きます」

保育者：「じゃあ，それ下さい」

サエ：「はい，わかりました！」

そばで一緒に注文を聞いていたエル，カリン，スミレらは早速店内でハッピーセットを組み合わせ始めた。

エル：「ハンバーガーひとつ（トレーに）置いたよ！」

スミレ：「えっと…ジュース，ジュースっと…あれ，何ジュースかな？　お客さん，何ジュースですか？」

保育者：「んー，オレンジジュースありますか？」

スミレ：「はい，ありますよ！」（オレンジジュースをひとつトレーに置く）

カリン：「1，2，3，4，5，ポテトはこれでよし」（トレーに置く）

エルら：「はい，ハッピーセットできたよー！」（サエに渡す）

サエ：「はい，お客さん，おまちどおさまでした！」

保育者：「ありがとうございました。わあーおいしそー」

そういいながら受け取ると，四人は顔を見合わせてにっこり笑った。

〈子どもの育ちと経験〉

5歳児もこの時期になると，共通のイメージをもち，役割分担しながら何日も同じ遊びを続ける姿が見られるようになってくる。この事例は，それぞれの子どもが日常生活の中でハンバーガー店に行った経験が共通のイメージのベースとなり，数日間続いた遊びの一こまである。

この事例の中で，数量にかかわる点は二つある。一つは「セット感覚」であり，もう一つはポテトの数である。いずれも遊びの中で意識して使われている。「セット感覚」では，一つのセットの中に「もの」と数がきちんと位置付けられている。ハンバーガーとポテトとジュースが一つずつあってはじめてハッピーセットになるのである。ポテトもやみくもに詰め込むのではなく，1袋の中に5本入れると決められている。事例には記述されていないが，セットの内容や数，1袋に入れるポテトの数については，この事例の前に遊びの中で子どもたちが相談して決めていた。

このように，この事例では，遊びの中で数量が意識されて使われている。ハンバーガー屋さんをしている子どもたちは，お店に来るお客さんとのやりとりの中で，何度も何度も繰り返し数量に触れることで，数量に親しんでいるといえよう。

〈保育者の援助とかかわり〉

この事例における保育者の援助のポイントは二つある。一つはお客さんとしてかかわったことであり，もう一つはハッピーセットを注文したことである。

保育者がお客さんとしてかかわることにより，やりとりが生まれた。この場合ハンバーガー店というお店にかかわることにより，やりとりの中身に数量に関することが必然的に出てきた。お店屋さんごっこでは，たいていの場合「もの」を媒介にして○○がいくつ，とか，△△がいくら，とか，◇◇回することができる，といった数量が付随してくる。この事例でも保育者が注文することで子どもたちが数量を意識し，親しんでいるということがいえよう。

もう一つ，ハッピーセットを注文したことについては，いろいろな注文がある中でハッピーセットを注文したことに着目したい。セットを注文したことでハンバーガー屋さんの子どもたちは「もの」と数の対応を意識した。そして，自分たちで決めたセット内容をきちんと揃え，お客さんに手渡した。この一連のプロセスの中で子どもたちは数量に親しんでいるということがいえよう。

(2) 園生活での図形への興味・関心

1) 保育室の中にある「もの」とその図形

入園して初めて目にする保育室の環境。その中には，ロッカー・椅子・引き出し・机など，様々な色・形・大きさの「もの」が設置されている。子どもは毎日保育室で生活する中で，それぞれの「もの」が示す形・機能・大きさ・名前を認識していく。しかし，ただ保育室の中にあるというだけでは，子どもにとって必要な「もの」にはならない。保育者が子どもの生活に必要な「もの」

であることを知らせ，子ども自身が便利さに気付くことができるようにかかわっていくことが大切である。

保育者「これは引き出しの中に入れるのよ」，子ども「引き出しってどこ？」という会話は，入園したばかりの3歳児の保育室でよく聞かれる会話である。そのとき「窓の前にある（場所），ピンク色で（色），洋服などが入れてある（目的・用途）ものが引き出し（名称）だよ」などと，子どもに説明する。そのことで子どもは様々な視点から「引き出し」を理解していく。同じように遊具・用具・素材・自然物など，園内にあるすべての「もの」が，保育者のはたらきかけによって意味付けられ，子どもにとって必要な「もの」になっていくのである。

2）ソフトブロック*の片付けを通して

事例 10-4 「な・か・ま♪　な・か・ま♪」 4歳児7月

片付け時間になり，ソフトブロックを使って遊んでいた子どもたちも片付け始めていた。

保育者：「力持ちになって，同じ仲間を集めよう」

マユコ：「私は力持ち！」

そう言うと，マユコはソフトブロックを持ち上げ，片付け場所に運んでいった。リツキ，ヨシアキらも一緒に運んでいた。保育者も一緒に「これは，丸の仲間」「これは，四角の仲間」と，ソフトブロックを運び，片付け場所が提示してある壁の前に積み重ねていった。

マユコ：「これは…丸」

保育者：「これは三角の仲間」

マユコ：「四角の仲間」

丸の仲間，四角の仲間
（写真は3歳児）

---

*　ソフトブロック：ウレタン素材でできている，3歳児が両手で持てる程度の少し小さめの積木である。立方体，三角柱，2種類の円柱，4種類の直方体がある。

と半数ぐらいのソフトブロックが片付けられ，一通りの形が並んだ。
保育者：「これも仲間」と直方体のソフトブロックを同じ形の上に乗せた。
マユコ：「な・か・ま♪　な・か・ま♪」とブロックを運びながら歌うように唱えだした。それにつられてまわりの子どもも「な・か・ま♪　な・か・ま♪」と歌いながら片付け始めた。

〈子どもの育ちと経験〉

子どもたちは毎日のようにソフトブロックを使っていろいろな場をつくり，遊びを楽しんでいる。この事例は，マユコがソフトブロックなどを使い，家を作って楽しんだ日の片付けの姿である。マユコは，ソフトブロックを使って遊ぶことを繰り返す中で，ソフトブロックにはいろいろな形があることを意識していった。もちろん一つひとつの形を三角柱，直方体などと，言葉で理解しているわけではない。しかし，実際に同じ形のブロックを「な･か･ま♪　な･か･ま♪」と集めることを楽しむ姿から，ソフトブロックの形の違いを認識していることがわかる。マユコは，毎日繰り返しソフトブロックを運んだり，並べたり，積み重ねたりする中で図形に触れ親しんでいるのである。

〈保育者の援助とかかわり〉

この事例の中で，保育者の援助とかかわりのポイントは三つある。①ソフトブロックという「もの」を環境として用意したこと，②視覚的に片付けやすいように絵で提示したこと，③「仲間」という言葉を使って形を意識させたこと，である。

①について，ソフトブロックという素材は，形がはっきりしており，形を見分けるのが容易である。また，比較的軽量で持ち運びやすく，4歳児がこの時期，遊びに使うにはちょうどよい素材のひとつである。このソフトブロックを環境として用意したことで，子どもたちに図形に触れ親しむ場をつくったのである。

②について，保育者は，子どもが自分たちで片付けができるようになることを願い，また，積木にはいろいろな形があることを知ってほしいと思い，絵で

片付け場所を示してきた。そのことで，子どもは視覚的にも，図形の種類とその形の違いを意識しながら片付けることができているものとみられる。

③について，この事例のように保育者が絵を意識し，「力持ちになって仲間で集めよう」と声をかけることで，マユコは同じ形の仲間を意識した。そして，「これは…丸」，「四角の仲間」などと自分の知っている図形を表す言葉と実際のソフトブロックの形を対応させながら片付け続けたのである。

このように，マユコは片付けるという活動の中で，図形に触れ親しんでいると考えられる。

3）大型積木*の片付けを通して

遊戯室に大型積木が置いてある園は多い。5歳児ともなると遊戯室の様々な場所に大型積木を運び，自分たちがイメージする思い思いの形の家や基地，迷路などを作る。崩れにくくするためには「まっすぐな面とまっすぐな面を合わせる」「角と角を合わせる」など，実際に大型積木を組み合わせていく中で，積木の特性を体を通して学んでいく。そして，その中で知らず知らずのうちに図形に親しみ，図形の特徴をつかんでいく。

ここでは，大型積木の片付けを通して考えてみる。事例 10−5 の園では大型積木を片付ける方法として，すべての大型積木を組み合わせて大きな直方体になるようにし，最後に板積木を上にのせている（右写真参照）。また，大きく重いものを下に，小さく軽いものを上にして積み上げるように行っている。

事例 10−5 「こっちに置いたらいいんじゃないか」 5歳児2月

片付けの時間になり，子どもたちは遊戯室の中のそれぞれの場を片付けていた。

---

* 大型積木：木でできた積木である。立方体，三角柱，大小の直方体などの立体的な形があるのが一般的である。

保育者：「（大型）積木，運んできてね」

の言葉がけに，子どもたちはそばにある積木を探す。

リン：「これ（大きな積木）から運ぶぞ」

と，ソウに声をかけた。二人は力を合わせて運び，片付け場所に置いた。そこに，ナオ（4歳児）が板積木を持ってきた。すると，リンは「これは一番最後だよ」とナオに言葉をかけて，片付け場所の隣に置いた。そしてリンはナオに「大きいものから運んでくるんやぞ」と大きな積木を指さしながら言った。やがて，箱型の積木のほとんどが片付き，数個の積木が残るだけとなった。そこにリンが立方体の積木を持ってきた。

リン：「これじゃ，はみ出る」

あいていたところに積木を置くが，高さが合わず，積木が飛び出している（写真参照）。

ソウ：「こっちに置いたらいいんじゃないか」

ソウは，小さな直方体の積木をどかした。

ソウ：「それ（リンが持っていた積木）持ってきて」

リン：「わかった」

ソウに促されて積木を置いた。高さがそろい，隙間がなくなった。

リン：「よし！」

このように，言葉をかわしながら，残りの積木も片付けた。

〈子どもの育ちと経験〉

この事例で注目したいのは，「大きさ」と「高さ」である。子どもたちは毎日の片付けの中で，大きく重いものを下に，小さく軽いものを上にするという約束を知り，積木の「大きさ」を意識し，その中で比べる経験をしていることがわかる。そのことは，事例の中でリンがナオに対して，具体物を指さし「大きいものから運んでくるんやぞ」と言葉を発している姿からも見て取れる。

また，いろいろな高さの積木を組み合わせて，同じ「高さ」にすることは，それぞれの積木の高さを認識していなければできないことである。積木を使って遊び，片付けを繰り返し行う中で，いくつかの形を組み合わせると別な形になることが意識されていく。その繰り返しの中で，子どもは自分たちでイメージ通りに積木を操作することができるようになっていく。このように，積木を操作することそのものの中に，図形への親しみが詰め込まれているのである。

〈保育者の援助とかかわり〉

5歳児もこの時期になると，これまでの経験をいかし，自分たちで積木を組み合わせて片付ける姿が見られるようになる。この事例の中でも，子どもたちは自分たちで声をかけ合い，片付けている。ここで，保育者のかかわりとして考えなければならないポイントは，①積木に意識を向けたこと，②見守ったこと，の二つである。

①については，保育者が「積木，運んできてね」と声をかけたことで，子どもたちが積木に着目した。そのことで，積木を意識し，これまでの経験をもとに活動し始めたのである。

②については，保育者は子どもたちが試行錯誤を繰り返しながら自分たちで片付けることができるようになってほしいと願い，子どもたちのかかわりを見守った。そうすることによって，5歳児のリンが4歳児のナオに「これは最後」「(具体物を示して）大きいのから」と図形の違いを教えたり，ソウが「こっちに置いたらいいんじゃないか」とアイデアを提供したり，リンが「わかった」と友達の考えを受け入れたりするというかかわりが生まれた。子どもたちはその一連のかかわりの中で，積木を並べたり，積み上げたりすることで，自分たちで積木の「高さ」「大きさ」を考えている。

このような発達段階にあった援助が，子どもたちの図形に親しむ経験を豊かにすることに結び付いていくものと考えられる。

4）ごっこ遊び

子どもは自分の憧れのアニメのヒーローや好きなものなどになりきって，ごっこ遊びを楽しむことがある。そのとき，ひとつのアイテムやお面や衣装などの「もの」が場を盛りあげる。また，友達とイメージを共有していくときに「もの」が大きな役割を果たしていることがよくある。子どもはそれらの「もの」を自分たちで模写し，作り出すことができる。

事例10-6 「のり巻きにしましょう」 4歳児10月

アヤカが積木を組み合わせて家を作っていた。そこに数人の子どもと保育者が仲間に加わり一緒に遊ぶことになった。家ができ上がるとアヤカはままごとコーナーにいった。しかし，しばらくすると困った表情で戻ってきた。

アヤカ：「もう食べ物がない」

保育者：「あら～，それならお買い物にいってご飯の材料買ってきます」

保育者は新聞紙，包装紙，色画用紙など，いくつかの材料を持って家に戻った。

保育者：「お腹がすいたわ。おにぎり作りましょう」

保育者が新聞紙を丸め，それを白い紙で包み，そのまわりに黒い色画用紙を巻いておにぎりを作って皿に並べた。その様子をじっと見ていたアヤカは，「私もおにぎり作る」と，保育者の作った形をまねておにぎりを作ってお皿に並べた。周りにいた子どももその姿を見て，おにぎりを作った。マリコは「のり巻きにしましょう」と，白い紙を黒の色画用紙で巻き，巻き寿司を作った。保育者は黄色や赤色の包装紙で卵焼きやお刺身を作り，白い紙で作ったご飯の上にのせてお寿司を作り，マリコの作ったのり巻きの隣に並べた。リカは「私もお寿司作りたい」と，保育者のまねをしてお寿司を作った。

その後，子どもたちは，「これは唐揚げです」「ポテトはあついですよ」と自分たちのイメージする食べ物を作り，それを使ってお家ごっこを楽しんだ。

〈子どもの育ちと経験〉

子どもたちは，お家ごっこをするとき，食べ物があると楽しくなることを経験の中で実感してきた。また，2学期も中頃になると，製作技術も身に付き，より本物に近い形で表現することができるようになってきた。そんな子どもたちの姿である。

この事例の中で，子どもたちは保育者の提示する形をまねて食べ物を作っている。また，本物に近い色・形・大きさのものを作っている。この二つの行為からも，図形に興味をもってかかわっていることが見えてくる。「まねて作る」

ことは，モデルとなっているものの特徴をつかみ，表現しなければならない。「本物に近いものを作る」ことは，これまでの自分の，見たり，食べたりしてきた経験から，自分なりにイメージした特徴を形にしていくことである。子どもたちは，保育者や友達とのかかわりの中で，図形に触れ，図形を意識し，図形に親しんでいるといえよう。

〈保育者の援助とかかわり〉

この事例で保育者の援助のポイントは，①モデルとなるおにぎりを作って見せたこと，②子どものイメージを実現するために材料を提示したことの２点である。

モデルとしておにぎりを作って示したことにより，子どもたちが自分たちで作りはじめるきっかけを与えるとともに図形への興味・関心を促したことも挙げられよう。それは子どもらの「三角の形」「大きな丸にする」「小さいのにする」といった行為からも見て取れる。

また，イメージに合う材料をいくつか準備したことで，子どものイメージをふくらませ，たんに保育者のまねをするだけではなく，自ら考え，自分たちの思い描いた食べ物を作ることにつながった。こうした活動の中でも，子どもたちは図形への興味・関心を高めているのである。

3. 数量・図形への興味・関心を引き出す保育者の援助

入園してから半年が過ぎようとしている９月のある日，登園してきた３歳児のミカが，玄関で立ち止まり「先生，これなあに？」と保育者に尋ねてきた。見るとそれは園内図が示されているボードだった。４月からずっとその場に置かれていたボードだったが，ミカはこの日初めてこのボードに図が描かれていることに気が付き，保育者に尋ねたのである。この日からミカにとって園内図は身近なものとなり，「ここがうさぎ組だね」などと興味をもち，自分の生活と結び付けながらかかわるようになった。このように，園内には様々な環境が整えられている。しかし，そこにあるだけでは意味がない。活動例の中で述べたように，数量や図形に触れ親しむ体験を積み重ねながら，子どもにとって意味あるものにしていかなければいけないのである。その際，単に正確な知識を獲得することを目的とするのではないことを十分に留意しなければいけないことはいうまでもない。

保育者は，子どもが関心をもったことに十分に取り組めるような生活を展開する中で，一人ひとりがどのように数量や図形などと出会い，関心をもっているのかを把握し，環境を構成していかなければならない。また，子どもが生活の中で必要感に基づく体験から数量や図形に対する興味や関心，感覚を養うことができるよう工夫することが重要となるのである。

■参考文献■

文部科学省：幼稚園教育要領，2017
文部省：幼稚園教育要領解説，フレーベル館，1999
中沢和子：子どもと環境，萌文書林，1990

第 11 章 文字・標識への興味と認識の育ち

1. 子どもにとっての文字・標識環境

子どもを取り巻く生活の中では様々に文字や記号が使われており，現代社会はそれらが豊富に存在する環境であるともいえよう。大人はすぐにひらがな，カタカナ，漢字というように文字を読んだり，書いたりすることを文字への興味と捉えがちだが，果たして子どもはどのように文字や標識を意識していくのだろうか。子どもの文字や標識との出会いの姿を捉えながら，興味・関心のあり方を探ることを通して，子どもにとっての文字・標識環境を考えていきたい。

(1) 意味をもつものとしての標識

子どもにとって生活の中で最初に意識するのは，日常よく出かける商店（スーパー，飲食店等）のマークではないだろうか。「このお店さっきもあったね」と，「あった，あった」と見つけては大騒ぎ。しかも，自分が行きたい，好きな商店は見つけるのも早い。また，ある子どもは信号機の下に出る「矢印」に興味をもち，矢印が出ると「こっちはいってもいいよ」とその意味を口にする。一旦矢印に興味をもつと数か月は矢印を見るたびにその意味を聞きたがる。「印」には何か意味があることを知るのだろう。

日常の生活場面のいたるところにいろいろな「印」は存在し，一人ひとりの子どもにとって興味の対象は様々であるが，大人の行動を通してその「印」のもつ意味を理解していくようである。

(2) 玩具による図形や文字の認識

最近では図形や文字を認識するような玩具が多種販売されている。2歳半頃からこのような玩具に興味をもつようになる。車に様々な形をはめ込むことによって車の走り方が異なる玩具や，文字キーに触れることによってその音声が聞こえるものなど様々である。子どもは自らの意思で図形や文字を意識するのではなく，車を好きなように走らせたいがために形を選んだり，音声が出るのが面白くて文字キーに触れたりしている。玩具を買い与えるのは大人であるが，子どもにとっては無意図的に文字が認識されていく環境である。

(3) 日常の生活場面にあふれる文字環境

絵本や広告（特におもちゃや車，菓子等），カタログ，テレビの画面など身近なところに文字環境は豊富にある。初めての文字との出会いは絵本であるという子どもも少なくない（大人がそう捉えているだけかもしれないが）。動物の名前などが写真や絵と一緒に描かれているものを見て「これなあに」を繰り返しながら「これ何て書いてあるの」と聞くようになり，文字を意識するようになる。テレビの画面では音声も加わり，子どもへのインパクトはかなり強い。また，おもちゃや車のカタログなどでは「RX」や「V7」「＋」等ローマ字やその他の記号，英字，数字，漢字など入り交じった形で文字や記号が表示されており，その子どもにとって関心のあるものから，また，必要感のあるものから意識されていく。

(4) 大人の生活アイテムと文字環境

携帯電話やカード，会員証，チケットなど大人が生活の中で使用するものにはたいてい文字や数字が書かれている。書かれている文字の意味はわからないまでも，日々，そういうものを目にしていることの影響は大きい。また，買い物のメモをしたり，宅急便にサインをしたり，郵便物が届いたりと日常の生活のほとんどは文字を媒介としてなされている。子どもはこのような大人の生活のあり方をよく観察しているものである。

子どもにとっての文字・標識環境は，幼稚園や保育所等へ入園する以前から子どもを取り巻く生活の様々なところに豊富に存在しており，その意識や認識の仕方は子どもによって多様である。

2. 日常生活での活動例

(1) 子どもなりの意味をもつものとして

事例 11–1　ゴードンの「4」

絵本にトーマスの仲間たちが描いてあるページがあり，リョウ（3 歳半）はお気に入りでいつもそのページを開いて見ている。保育者が「1 番トーマス，2 番パーシー，3 番…」と 10 番の機関車まで呼んであげるとそれを覚えて遊びながら口ずさんでいる（トーマスは機関車のキャラクターで一つひとつの機関車に顔が付いていて車体には番号が付いている)。中でも 4 番の機関車のゴードンがお気に入りで，自分もゴードンのまねをして機関車になったつもりで走り回ったりもしている。ある日，自由画帳にゴードンの顔を描き始めた（今まではなぐり書きが多かったが)。さらにその下に「4」と書き足した。これまで数字の書き方を教えたことはなかったし，書いたこともなかった。リョウは「ゴードン！」と嬉しそうに言った。口はへの字に曲がってゴードンそっくりである。

<子どもの経験と育ち>

リョウにとって，「4」は順番を示すものではなく，ゴードンを示すものであった。ゴードンが大好きだったことで数字の 4 もゴードンの一部として描かれている。次第にゴードンの絵も細かいところをよく見て綿密な絵を描くようになり，それとともに 1 から 10 の数字も自分なりに書くようになったが，ゴードンへの思いが薄れると数字も書かなくなった。

<指導上の留意点と反省>

ゴードンの4を書いたからといって，他の数字も書くことを指示したりすべきではない。リョウにとって機関車と数字は一体のものであり，ゴードンを表現したのである。

この時期子どもは興味をもったものを形として描く。例えば，電車の絵を見て子どもが特急列車の名前を絵のまま漢字で書いたとしよう。大人は特急列車の名前の漢字を知っていて書いたように捉えるが，子どもは大好きな特急列車の顔（姿）を描いているのであり，その中にたまたま漢字での表記があっただけであることに留意したい。

事例 11-2 「中」は僕の印だよ

自分の名前の漢字一字が書けるようになったユウタ（4歳半)。自分のロッカーのマークの上やクレヨン，スケッチブックなどいたるところに「中」と書く。「先生，字を読まなくたってわかるよ。これ，僕の印だから」と言って嬉しそう。

<子どもの経験と育ち>

ユウタは，自分の名前をひらがなで書くことはできない。名前の漢字の一文字である「中」が書けるようになったことが嬉しいのだろうか。そればかりではなく「自分を表す印があること」が嬉しいのだろう。

<指導上の留意点と反省>

二つの事例で示すように，「4」や「中」は単なる数字，漢字ではなく，その子なりの意味をもつものである。また，その意味は他の子どもとは同じではない。文字を認識し始める最初の段階では，その文字にその子なりの意味をもつことがあることに留意したい。

事例 11-3　カードゲームの楽しみ

マサキ（5歳10か月）は兄が二人いるので，いろいろな遊びを知っている。ルールのあるゲームなども家庭で遊んでいるようである。

食後はトランプのようなカードゲームを楽しみながら食休みをするようにしているが，マサキは兄と楽しんだ「UNO」というカードゲームを友達とやりたいと言う。マサキの楽しみは「S」カード，「R」カード，「D」カード，「W」カードがそれぞれある意味をもつところだ。それぞれに,「カードを出した人から一人とばし」,「出した人から逆回りになる」,「出した人の次の人がカードの山から2枚とらなければならない」,「出した人が指定した色のカードを次の人から出す」というルールのあるゲームである。

一度に4枚のカードの意味を理解しゲームをするのは困難かと思い，意味のあるカードは1枚ずつ増やしていくことにした。子どもたちは意外に早くカードの意味を理解しゲームを楽しんでいる。慣れてくると,「S」カードは二人とばしにしようなどという意見もとびだしたほどである。

<子どもの経験と育ち>

「ダウト」などのトランプゲームも興味をもつが，このゲームでは，逆回りや一人とばしなどが面白いようである。「S」カードの意味はSkipのSであるが，マサキたちはそこまでの意味はわかっていない。しかし，一つの文字が意味をもつことを理解し合い，友達と共通の理解のもとで遊びが進められることが楽しいようである。5歳児のこの時期だからこそ了解し合いながら遊びを進めることが心地よいと感じるのだろう。

<指導上の留意点と反省>

この事例では，マサキがUNOというカードゲームに興味・関心があったことがきっかけとなっていたが，このようにカードがある意味を示し，それをルールとして了解し合いながらするゲームはトランプでも経験することができる。またその時々の子どものルールを理解する力に応じてルールを作り替えることも可能である。場合によっては子どもの育ちに応じてオリジナルのカードを作る方が子どもの興味・関心に即して取り組める。

このような活動は，それぞれの子どもの経験に個人差が大きいものであることを留意し，個人差に応じて柔軟に対応していくことが大切である。

(2) 生活体験の中で文字・標識の使われ方を意識して

子どもは家庭での出来事や身近な生活の中での出来事や目新しいことを模倣し，何でもやってみようとする。

事例 11-4「注文票」を書いているつもり　3歳9か月

昨日ユカはレストランに行き，その時ウエイトレスが注文をとる様子を興味深く見つめていたという。早速レストランの再現をして遊びだした。右図はその時に注文票として作ったものである。「ハンバーグ」「リンゴジュース」と書いてあるらしい。注文した品物の中には「い」のつくものはなかったが，唯一文字として書ける「い」が随所に書かれている。「い」そのものには特別の意味はないようである。

事例 11-5　“ま”がかけたよ！　3歳11か月

自由画帳に何やら書いていたマユが「見て！“ま”だよ」と言いながら走ってきた。自分の名前の一文字である“ま”を書いたらしい（下左図）。一つの“字”として書くのではなく線と丸の組み合わせで書いてある。面白いことに，この時期描かれている絵も線と丸との組み合わせである（下右図）。

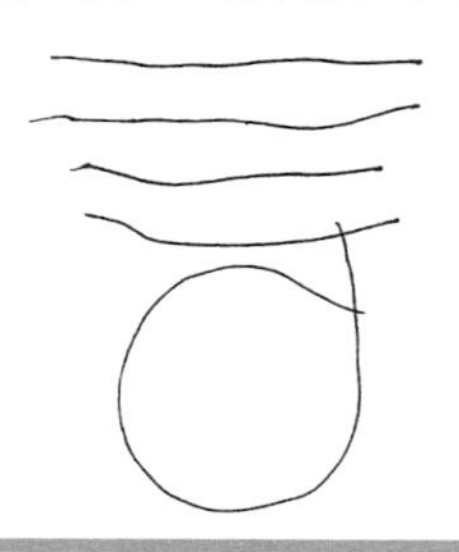

事例 11-6　「カード」です　4歳6か月

ケンジは「これ持っていれば何でも買えるよ」と言って1枚のカードを持ってくる（右図）。今，書ける文字を並べたものである。

<子どもの経験と育ち>

ユカは文字らしきものを並べて自分は書いているつもりで満足している。文字が書けるかどうかということよりは，「注文票」自体に興味がある。それに比べてケンジは「カード」に興味があるわけではない。今書ける文字を書くことに満足している。いろいろなところに同じようなものを書き，サイン代わりである。

マユの事例に見られるように，自分の名前の文字は形としては認識されているようである。事例 11－2 の「中」のようにその子にとって一番書きやすい文字から書くこともあれば，マユのように偶然に近い形で表現されることもある。偶然書けたことをきっかけに，次第に文字が意識されていくようになる。

この時期は，遊びの中で，落書きのような，大人には判別しがたいようなものを書いているが，そのような中で次第に文字らしきものが表現されていくようになる。

<指導上の留意点と反省>

これらの事例に見られるように，文字を「書いているつもり」から「偶然文字になった」経験を通して「書ける文字」を意識するようになっていく。3 歳から 5 歳にかけては，このように素朴な活動の中で文字が意識されていくので，子どもなりの気付きを受け止めていくようにしたい。

また，文字が書けるようになったからといって，書くことを急がないようにしたいものである。文字がある意味を表現しているものであることを様々な体験を通して感じられるようなはたらきかけが大切だろう。「読む」経験を通して次第に「書く」へ向かっていくと考えられる。

事例 11－7　いたる所張り紙だらけ　4 歳児

幼稚園の生活にも慣れ，幼稚園が自分たちの生活の場になってくる頃，園舎のいたる所に張り紙を見つけることがある。子どもたちは，自分が気付いたことを掲示している。

<きけん！>　廊下を走っていて，曲がり角の柱にぶつかってしまったミサは保健室で手当をしてもらうと張り紙をする（写真右上）。

<ペンキぬりたてです！>　ユカが「わたし字が書けない」と言うと，リノが「バツかいて。わたし字かくから」と言って遊具に貼る（写真右下）。

<表札？>　お家ごっこの玄関に三人の名前を書いた紙が貼られている。しばらくするともっと大きな紙に七人の名前が書かれている。表札代わりの紙には，仲間が増え続けていく（写真下）。

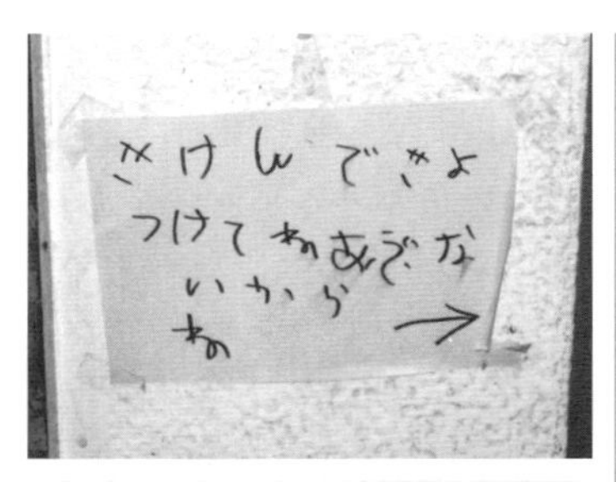

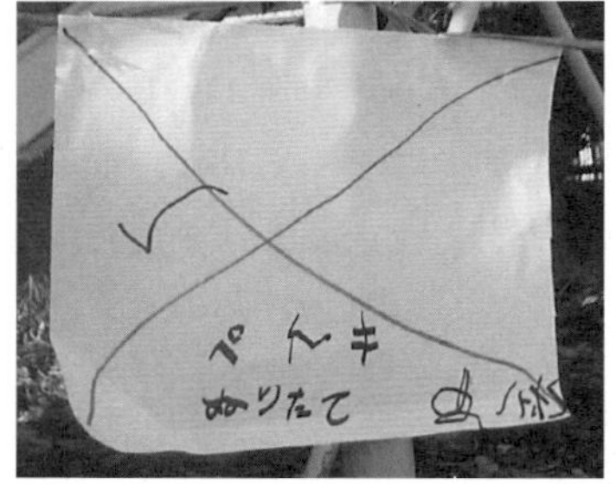

<あそこ，温泉だよ>

三～四人の友達と中型積木で囲い，お風呂を作った男児。ロッカーで仕切られた場所に「カーテンをかけて」と頼まれ，カーテンを付けると，そこに，三本湯気のたった温泉マークを描いた紙を貼り付ける。「温泉でーす。きてください」と言うと，早速，友達が入りに来る。温泉には，お風呂を作った男児たちはもういないが，次から次へと温泉に入りにくるお客が絶えない。

＜子どもの経験と育ち＞

4歳後半から5歳（4歳児）になると，幼稚園等の生活の中で「伝える手段」として文字や標識を使うようになっていく。交通標識に見られるような象徴的な絵にはならないが，絵や文字や記号を使って表現しようとするようになる。日常の生活場面にはたくさんの標識や注意書きがあるが，そのような使い方を認識しているといえよう。自分が失敗したり困ったりしたことについて知らせようとしている。

「表札」の事例では，子どもは三人の家であることを確認し合うために書いたことと思われるが，そのことが，周りの子どもたちの関心を引くことになってしまった。「伝える」ための表札ではなく「仲間であることの確認」をするためであったが，結果として仲間を集めることとなった。

「温泉」の事例では，温泉であることを知らせることで「仲間を集める」ことが目的となっている。共に遊ぶための仲間ではないところが以後のごっこ遊びとの違いである。

＜指導上の留意点と反省＞

4歳後半から5歳になると，文字や標識が，自分以外の人たちへ伝える手段として意識され，生活の様々な場面で使われるようになっていくが，上記の事例に見られるように，その思いは微妙である。標示をしたにもかかわらず友達が気付かず何の反応もなかったり，逆に思いがけない反応があり自分たちの思いとのギャップからトラブルになったりすることもある。

当初の三人にとっては三人だけでお家ごっこがしたかったのに，次から次へと仲間が増え，思いがけない方向に遊びが進んでしまったことだろう。「仲間の標示をする」ことがどのような意味をもつかを知るには面白いが，三人の遊びへの思いを配慮すると，この状況に対してどのように援助していくかは難しい。

自分たちの作った物を壊されたくないので「ここにはいらないでください」

と張り紙をしたが，他の子どもたちからは遊具や場所を独占していて自分たちが使えないという苦情につながったり，子どもたちの思いを大切にしながらも全体の中での状況を考慮していくことが保育者として求められよう。

事例 11-8 「忘れないように書いてきたよ」5歳児　6月

クラスでなぞなぞが流行したとき，カズキ（6歳2か月）はテレビでやっていたなぞなぞを友達に出題しようとしたが忘れてしまった様子。

次の日，カズキは手帳を持って登園し「忘れないように書いてきたんだ」と嬉しそう。そこには五つのなぞなぞが書いてあり，誇らしげに手帳を見ながらなぞなぞを出題した。手帳を見てはいるが，手帳に書いてある文字を正確に読んでいるわけではない。

その後クラスの中に手帳になぞなぞを書いてきて出題することが流行する。

＜子どもの経験と育ち＞

家庭の生活の中ではメモや覚え書きのような目的で文字が使われることを経験している。実際には，手帳には書いたものの，覚えていたのだろう。ある程度文字が書けるようになると，様々な場面で文字を書くことを楽しむようになる。この時期になると，文章として書くことの一つの経験として友達の中にも広まったと考えられる。

(3) ごっこ遊びの中で遊びのイメージを共有して

年少組から年中組前半頃までは，主に一人ひとりがそれぞれの思いの中でその子なりの表現をしているのであり，表現すること自体を満足していたが，次第に友達の中で伝える，確認し合う，了解し合うために書かれるようになってくる。

事例 11-9　ナンバープレートを付けると仲間が増えてくる　3歳児　9月

タクヤは車が大好き。自分自身がショベルカーになって走っている。ある時ナンバープレートらしきものを自分の体に付けて走っていると，ユリカに「わたしの車にも付けて」と頼まれる。タクヤはユリカの段ボールの車にナンバープレートを付けてあげる。するとプレートに興味をもったのか，慌てて車を作りだす子がでてくるほど大人気になってしまう。

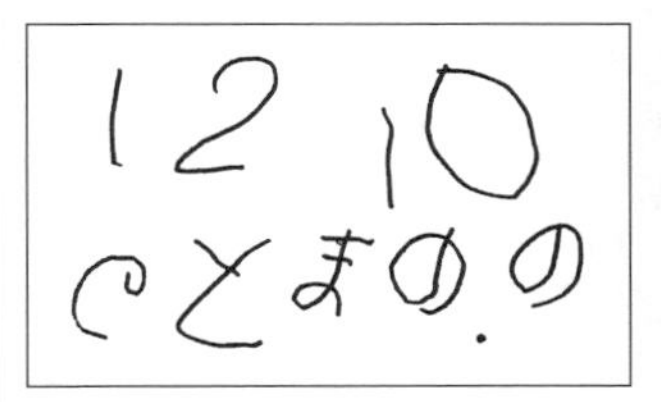

タクヤのナンバープレート

＜子どもの経験と育ち＞

タクヤは自分自身が車になりきったり，三輪車を連結して乗り回したり，とにかく車への興味・関心が強い。一人のイメージの中でなりきって遊ぶことが多かった。たまたま自分に付けたナンバープレートであったが，ユリカによって友達の中に広まっていく。「つくって！」と頼まれるたびに，似たような文字を並べていく。ナンバープレートを付けたいがためにユリカと同じような車作りが始まるところがこの時期の面白いところである。

＜指導上の留意点と反省＞

3歳児のこの時期は，一人ひとりの思いで遊んでいることが多いが，友達のしている面白そうなことには敏感に反応する。「ナンバープレートを付ける」という点では友達同士接点をもつことになるが，だからといってイメージを共通にして遊ぶわけでもない。そこからまた，一人ひとりのイメージが広がっていく。

事例 11−10　病院ごっこ　4歳児　7月

三～四人の女児が医者になって診察したり，注射をしたり，包帯を巻いたりしている。いちばん生き生き活動しているのは「受付」役の子どもである。「こちらに名前を書いてお待ちください」と順番を待つ子に紙とペンを差し出し名前を書いてもらう。必ずしもきちんと名前が書けているわけではないが，それを見ながら診察券に名前を書き込んでいる。「〇〇さーん，はい，診察券です」と渡す。“おくすり✚”と書いた袋をせっせと作り，渡している。何しろ忙しいのは受付である。

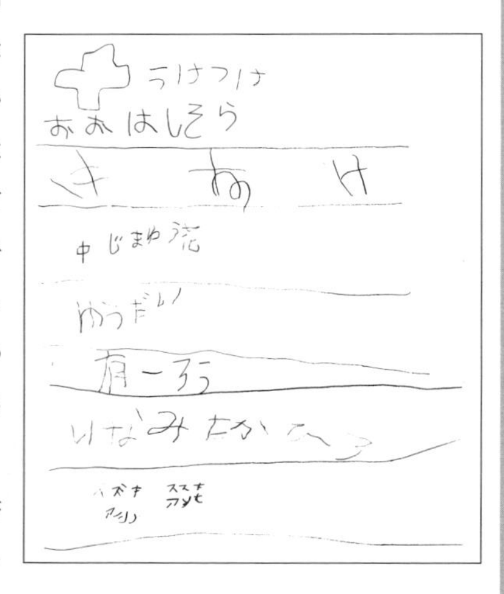

しんさつけん

しんさつけん

<子どもの経験と育ち>

この時期，身の回りの出来事の中から興味をもったことを自分の遊びにしていくことが多いが，「病院ごっこ」とはいうものの，ここでの楽しみは受付に書かれた名前から「診察券を作る」ことと「お薬袋を作り渡す」ことと思われる。「文字」として認識し，ある程度自分の思ったように形が書けるようになるといろいろな遊びの中で「文字を書く」ことを遊びに取り入れていくようになる。とりわけ4歳児にとって友達の名前は，一番身近であり，親しみもあり，先の「表札」の事例にもあるように，遊びに取り入れやすいものである。一方では，「名前を書くこと」が仲間であることを示し，仲間を確認することにつながっている。

＜指導上の留意点と反省＞

ここでは,「受付」役の子どもの思いから遊びが始まっているが,「お熱をはかってください」と体温を記入する人として，また,「わたし薬作る人になる」など自分から役割を見つけて遊びの中に入っていく子どももいる。遊びながら，それぞれの思いで役割が増え，遊びが広がっていくところがこの時期の面白いところである。

事例 11－11　オリンピックごっこ　5歳児　9月

リオデジャネイロオリンピックが終わり，年長組では運動会に向けてのリレーごっこが始まりだした頃，誰からとなくオリンピックごっこが始まり，次第に盛り上がっていった。柔道，リレー，新体操などの競技で遊ぶ子，応援グッズを作る子，メダルを作る子などそれぞれの興味・関心に応じてかかわっている。「金メダル」への思いが子どもたちの遊びをつないでいる。面白いことに，金メダルにも応援グッズにもオリンピックの五輪のマークが描かれている。子どもたちはこの五輪のマークを「リオマーク」と呼び合っている。リオマーク入りのバッジも作られ，それが仲間のシンボルとなっていく。

ケンタは，チケットや競技項目の表示を書き始める。とりわけ「柔道」は大人気。実際に金メダルも多くテレビでの放映時間も長かったのだろうか。ケンタは，選手や観客への注意事項の看板を作り始めた（右図）。「しんぱんがはじめといったら，さいしょにおじぎ

をしないとまけ」「たたいたり，きっくしたらまけ」「まっとからあしがでたらまけ」「おわりのときもおじぎをしないとまけ」など友達の遊びの様子を見ては書き足していく。ケンタの作った看板が貼ってあることで柔道のルールが互いに了解し合え，友達とじゃれ合って遊ぶことに抵抗感をもっていたシゲキも柔道ごっこの中に入れるようになる。

<子どもの経験と育ち>

5歳児はオリンピックに関心をもち，友達と話題にしながら自分たちの遊びへと発展していった。五輪のマークを「リオマーク」と言ったことに大勢の友達が興味を示し，自分たちの仲間の印となっていったことは面白い。仲間の印があることで「仲間」を確認している。またそれが仲間の印に終わらず，金メダルや応援グッズにも付けられたことは，それが自分たちの遊びのシンボルとして思いが共有されたといっていいのではないだろうか。

ケンタは，自分がテレビで見たことをルールとして書いているが，柔道のルールを貼ったことで遊び方が明確にされ，互いに了解し合って遊びやすくなったことが仲間が増えた要因と思われる。

<指導上の留意点と反省>

この時期は，子ども同士で話し合いながらどんどん遊びを進めていくようになる。むしろ保育者は援助を求められたときだけ必要な援助をするよう心がけたい。ケンタは柔道の仲間ではないので，ケンタの行動が受け入れられるかどうかは，見守る必要がある。保育者がケンタの貼った看板を受け入れ，柔道仲間にケンタの思いをつないでいくような言葉がけも時により必要であろう。

なかなかじゃれ合いができずにいたシゲキが遊びに加わったことの意味は大きいだろう。暗黙の了解の中ではなかなか遊びだせずにいたシゲキにとって，ルールが明確になったことで遊びやすくなっていく。

5歳児のこの時期の遊びは，遊びの内容を示す掲示物が子ども自らの手でどんどん作り出されていく。掲示することが遊びの内容を伝え合い，互いに了解し合いながら遊びを進めていくのにたいへん有効であると考えられる。

(4) 書きながらイメージをわかせて（書いて遊ぶ）

事例 11-12　紙面で野球　5歳児

年長組にはソウタ（6歳2か月）を中心に数人野球ファンがいる。きっかけは中学生との交流である。中学生がペットボトルでバットを作り，新聞紙で作ったボールで一緒に野球をしたことがよほど楽しかったのだろう。それ以来，毎日誘い合って野球をし，寄り集まっては昨日の試合の様子を語り合っている。昼食後はある時間まで座席に座って待つことになっているが，ソウタたちは独り言のようにぶつぶつ言いながら「野球のチーム名」を書いたり，「点数表」を書いたり，テレビの画面の「試合結果」を書いたりしている（写真）。一人の世界に浸り楽しそうな表情である。「ごちそうさま」のあいさつがすむと数人が寄り，「野球のダイヤモンド」を書いて何やら話している。「○○選手が○○した」という話題でイメージが共有されていく。

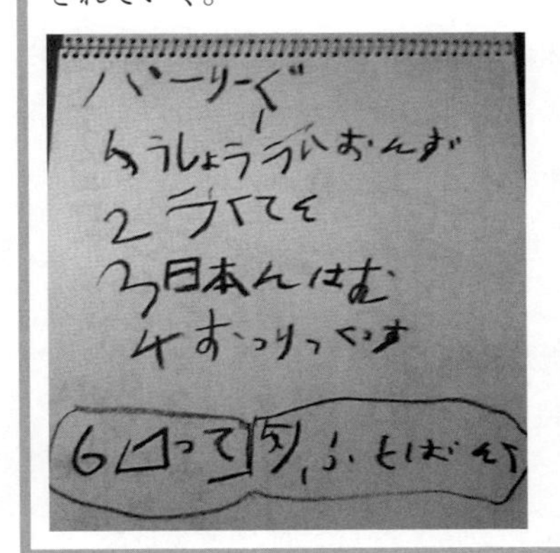

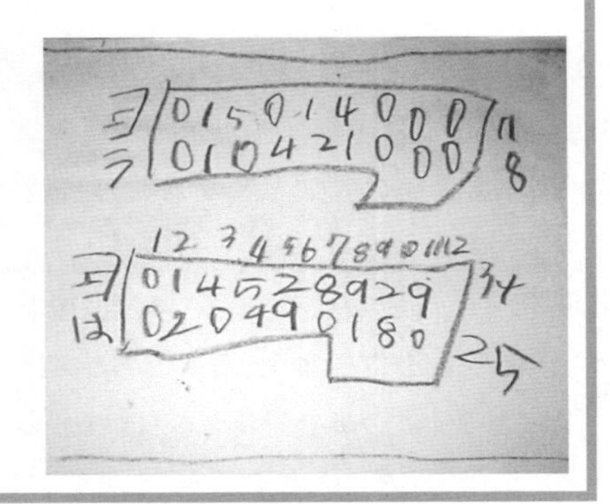

<子どもの経験と育ち>

ソウタたちが野球をしている様子を見ると，四～五人で野球をしているにもかかわらず「今オオタニは3塁ね」とか「○○は～ね」と何人もの野球選手の名前が登場する。イメージの中では何人かの野球選手と一緒にやっているつもりなのだろう。点数表や試合結果なども実際に野球をしていないがやっていることを空想しながら書いているようである。ひらがな，カタカナ，漢字，数字と知っている文字（書ける文字）で表現している。子どもにとっては，絵で表現するのと同じような意味があるのではないか。文字での表現というより，イメージの表現の中で野球への思いを遊んでいるのであろう。

野球のダイヤモンドを描くことで，ソウタたち仲間には，野球選手の動きが目に浮かんでいるのだろう。伝えるために書いているのではなく，書くことが楽しく，書いたものの中でイメージをわかし，その中で遊んでいる。

<指導上の留意点と反省>

食後のひと時であるが，大切にしてあげたい時間である。文字の表記上には様々な問題があるが，ここでは，そのことへの指導はしないようにしたい。野球への関心をもち続けることによって次第に自ら気付いていくものと思う。

この事例に見られるように，書ける文字がだんだんに増えていく頃になると書くこと自体が楽しく感じられ，お手紙ごっこなどもよく見られるようになる。この時期のお手紙ごっこも，何かを伝えたいというよりは，絵や文字混じりで表現すること自体やお手紙という形式が興味の中心となる。お手紙のやりとりが「仲良し」の証として満足される。なお，この時期は，お手紙そのものの問題より，「受け取ってもらえない」とか「渡されない」という人間関係のトラブルを引き起こすこともあることに留意する必要がある。

事例 11−13　紙芝居作り　4歳児後半〜5歳児前半

ナツミは紙芝居作りが好きである。自分なりにストーリーを考えながら絵を描き，順番に並べて，絵を見ながらお話をする。「○○が〜しました。しかし，〜だったので，○○しました。そこへ，〜がやってきて…」というように話し言葉ではなく，書き言葉で語っている。3，4枚の絵ではあるがお話の内容は豊かで，自分の経験や読んでもらったお話など織り交ぜながら自分なりに作っている。

5歳児になると文字が書けるようになったためか，紙芝居の裏に文字で書き綴（つづ）っている。「こどものくじらわうみであそびました」「それからお母さんにあいにおよいでいきました」「いっかいだけお母さんにあまえてからひとりでくらすことになりました」など書き言葉で書き綴ることを楽しんでいる。1枚に一文ずつであり，文章を書きながらお話の続きを考えている。いざ絵を描くことになると，同じような絵が続くことになり，「つくるのたいへん」と言いながらも嬉しそうである。しかし，4歳児のときと比べると，「〜しました」の表現が続き，お話そのものの面白さは少なくなってしまった。

<子どもの経験と育ち>

4歳児のナツミは書き言葉で綴られた紙芝居の語り口に興味をもって想像力豊かにお話を作っていた。「しかし」「そこで」「突然」などの言葉を巧みに使いながら，お話の世界を楽しんでいた。しかし，文字が書けるようになったことで，文字で綴る楽しさや綴りながらお話を想像する楽しさを経験するようになったものの，お話の展開は単純なものになってしまった。

この時期，考えながら文章を書くことはかなり困難なことといえよう。想像していることが十分に文章として書き表せないようである。

<指導上の留意点と反省>

絵を見ながらお話をすることから文章を書き綴りながら紙芝居を作っていくことは，かなり困難さを伴うものであることがわかった。紙芝居という方法も絵と対応したお話（文章）の関係の捉えが難しいようである。場面ごとに絵を描いてからその場面の文章を書くことは，全体の見通しがもてないとできないようである。ナツミにとって大好きな紙芝居作りであったが，文字が書けるようになったためにかえって不自由にしているようである。

この時期，文字が書けるようになったことで，かえって表現したい内容が十分に表現しきれないことがあることに留意したい。

3. 文字・標識の指導上の一般的な留意点

文字・標識の指導においては，読むことや書くことを大人が早急に教えがちであるが，幼児期においては以下の点に留意しながら，生活や遊びの中で様々な体験を通して，文字・標識のもつ意味を経験することが大切である。

①「意味」を伝える

生活の中で文字・標識環境ほど豊かなものはないだろう。あたりを見渡しただけでもいくつもの文字が目に飛び込む。それだけに，子どもがどのような思いをもってそれを認識しているのか捉えにくい面もある。日々の生活の様子や子どもの興味・関心に心を寄せながら，「見る」ことから始め，ていねいにその意味を伝えていくことを大切にしたい。「12」という数字も「12月」を示すときもあれば「12時」を示す場合もある。

②「読む」から「書く」へ

「見る」経験が「読む」経験へとつながっていく。大人に読んでもらう絵本も，その口調を覚え，まねをしながら，いつとはなく文字を意識していくようになり，見ているうちに読める文字が出てくる。「聞く」経験を溜め込むことが「話す」ことにつながるように，「読む」経験を十分にすることが「書く」ことにつながることに留意する。

③「書いて遊ぶ」ことを通して「書くことが楽しい」経験を

子どもは文字が書けるようになると，生活や遊びの中で様々な形で（事例11−14参照）「書いて遊ぶ」ようになる。この事例は，今日一日のそれぞれの保育者とのかかわりを「やさしさ指数」として表現されたものである。この幼児と各保育者との心の距離を表現していると思われる。子どもにとって文字・標識は「絵」と同じように認識されているため，漢字かな混じりであったり，表記上の約束事がわかっていなかったり，正しい表記でなかったりすることも多いが，ここではまず「たくさん書く」ことを中心に「書くことが楽しい」「書いて遊ぶ」「書きながらイメージをわかす」ことを十分に経験させていくように留意したい。

④自分を表現する手段としての文字・標識

文字を読んだり書いたりできるようになることにより，それまでより子どもの世界は大きく広がることになる。「書くこと」自体を楽しんでいたことから自分の思いを表現するものであることを経験するようになる。事例11−14に示すものは，ある子どもがその日の保育者との関係を表現しているものである。

子どもは書いて満足している。何かを伝えようというものではない。いわば落書きのようなものであるが,「気持ちを表現」したものである。このように文字・標識は自分の思いや気持ちを表出できるものであることを経験することは大切である。

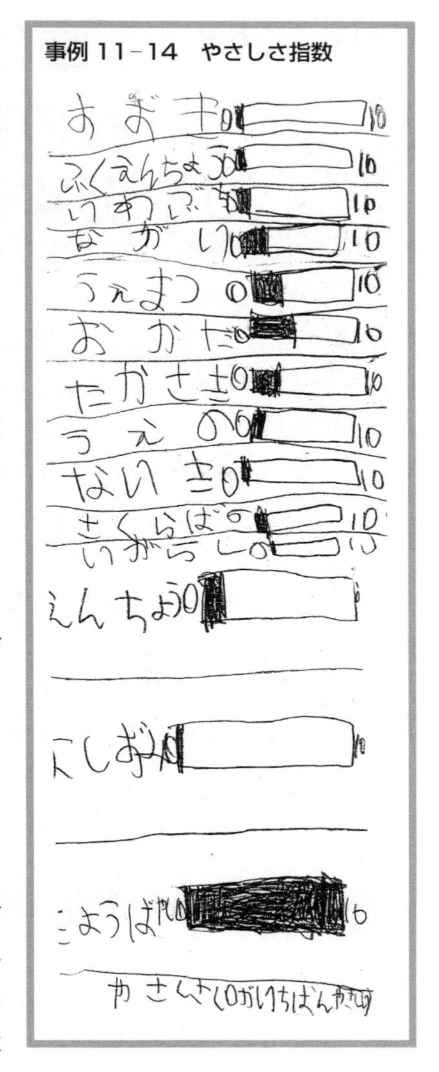

事例 11−14　やさしさ指数

⑤伝わる喜びが十分経験できるように

表現手段として文字・標識を認識すると次第に「仲間」や「伝える」ことを意識するようになる。「自分の仲間」を確認するために，また「仲間を集める」ために,「遊び方を了解する」ために，など表現したものが伝わる喜びを経験するようになる。幼児期ではこの伝わる喜びを十分に経験できるよう留意したい。このことが「伝えようとして表現する」ことにつながっていく。

⑥その子なりの表現を受け止める

幼児期は，その子なりの表現であることが多い。文字・標識では表現し尽くせないこともあることに留意し，表現されたものだけにとらわれず，その子の思いを十分に受け止めていく大人の姿勢が求められることに留意する。

第12章 子どもの環境へのかかわりを促す保育者の役割

幼児期の教育が環境を通して行われ，その中で子どもたちが具体的に育つ姿は第5章から第11章を通して見たとおりである。本章では身近な環境とのかかわりに関する領域「環境」の主眼である「周囲の様々な環境に好奇心や探究心をもって関わり，それらを生活に取り入れていこうとする力を養う」とともに「子どもたちの中に思考力の芽生えを培う」ための保育者の役割に焦点をあてて考えていく。もとより保育者の役割の基本は，子どもと信頼関係を築き，その理解者となりつつ子どもとともによりよい環境を築き，子どもの発達に必要な豊かな体験が得られるようにしていくことではある。その上で領域「環境」に焦点化して考えるならば，①様々な環境の特性・影響を理解する，②かかわりたくなる環境を構成する，③長期的な見通しの中で環境を考える，④人的環境としての友達を活かす，⑤人的環境として保育者が存在する，の5点ということになろう。以下具体的に考えていくことにする。

1．様々な環境の特性・影響を理解する

保育者は身近な園環境が，子どもの豊かな体験につながるようにどのような役割を担っているのだろうか。

(1) 園庭の環境の中から

事例12－1はヨシコの心の安定を図るために保育者の役割は何かを考えることから出発したものだが，保育者が園庭の畑の特性への理解があったことが，

事例 12−1　小さなキャベツ畑

P園ではウサギを3羽飼っている。子どもたちは年長児を中心にグループでウサギ当番をしている。年長児がウサギ当番をしていると必ず年少児ヨシコがその様子を見にくる。年長児のまねをして園の隅に生えている雑草を持ってきた。そして「うさちゃん，おいしいよ」とあげようとする。しかし，ウサギはちょっと口にしただけでもう食べようとしない。「うさちゃん，なんで食べないのだろう。お兄さんたちがあげている葉っぱは食べるのにね」とヨシコは腑に落ちない様子である。そこで保育者が「お兄さんたちにうさちゃんは何の葉っぱを食べているのか聞いてみる？」と言うとさっそく聞いてみる。答えは「キャベツの葉っぱだよ。それも緑色の濃いところが好きなんだよ」とのこと。「じゃあ，あしたママにいってキャベツをもらってこよう！」とヨシコはスキップをしながら自分の保育室に戻っていった。

この時保育者は，1学期のはじめ，まだ保育室になじめなかったヨシコが，ウサギ小屋に行って年長児の餌やりを見，自分も雑草をあげることで安定して一日の生活を始めていることを思った。しかし雑草ではウサギもあまり食べてくれない。しばらくは母親に頼んでキャベツを持ってくることでもよいかもしれないが，何かよい案はないかと考えた。P園には猫の額ほどの畑がある。そこで12月の収穫を目指して，7月にキャベツの苗植えをすることにした。7月，苗植えを年長児とヨシコとともに行った。その後2学期に入ってからヨシコは「うさちゃん，喜ぶかな」と，キャベツの苗の水撒きも一緒に手伝うようになった。キャベツの葉が少しずつ巻き始めたある日「先生，青虫がいるよ！」と飛んできた。それを聞きつけた年長児も畑へ。虫食いキャベツにはモンシロチョウの幼虫が生息し始めたのである。ちょうど秋も深まり，虫好きの年長男児たちは新たな「虫」の発見に大喜び。「春になったら庭中モンシロチョウでいっぱいになるね」と待ちきれない様子。「でも，青虫がいっぱい葉っぱを食べたら，うさちゃんの食べる分がなくなっちゃうよ」との声も上がる。このことは保育者も交えていろいろ調べてよい案を考えようということになった。

キャベツの栽培，さらにモンシロチョウの自然飼育へとつながる結果を導いた。これはヨシコだけではなく，年長児の興味も広げる結果へとつながり，さらに生命を考えるところにまで広がっていったのである。

(2) 室内の環境の中から

事例 12-2　廊下へ「お引越し」 4歳児

保育室には子どもたちがいつでもままごとができるように，少し広めのままごとコーナーが置かれている。ここのところ，このままごとコーナーをコーナーごと廊下に引っ越すという引越しごっこが続いている。そこで保育者は自分たちで遊ぶ場所を決めるようになった子どもたちの気持ちを尊重したいと思い，廊下にも家を作るときの材料となる段ボールや大型積木を少し移動しておいた。この日もお母さんごっこで遊んでいた子どもたちは「お引越しをしよう！」というノブオの声がかかると「そうしよう !!」と一斉に引越しの準備にかかった。家財道具はもちろん，コーナーを構成しているついたてから何からすべてを廊下の一隅に移動し始めた。今までは移動したものだけで作っていた新しい家だったが，この日は廊下に段ボールなどがあるのを見つけて，「ここに段ボールがあるからこれを使おう！」と持ち出す。段ボールをなんとか家の囲いにしようと試行錯誤が始まった。「造形コーナーに何か役に立つものがあるかもしれないわよ」という助け舟を保育者が出すと「そうだった！」と子どもたちはその段ボールを持ってコーナーに出かけ，カッターナイフを保育者と一緒に使いながら囲いにする部分を作り上げた。

事例にあるＰ園は室内に広い廊下を持つ。ただの通り道というよりはコーナーとしても使える広さであったので，保育者はここを活かす方法を常日頃考えていた。絵本のコーナーや造形コーナーもこの一角にある。子どもたちが引っ越し遊びを始めたときも廊下を使うことは予測し，そこで遊び込めるようにと考えていた。この事例ではノブオのかけ声をきっかけに，他の子どもたちがその考えに触れ，また保育者の一言もヒントにしながらお互いに協力して囲いを作りはじめている。この廊下にあった造形コーナーとつなぐことが，子どもたちの興味をさらに広め，自分たちの工夫を誘ったといえる。

(3) 園外保育の環境の中から

事例 12-3　小さな「森」の園外保育

P園の近くには大きなグラウンドがある。グラウンドの周囲は雑草が四季折々に生い茂り，その一角には「森」と呼びならわしたどんぐりの木の小さな林がある。保育者たちはこの四季折々の変化を見せるグラウンドへ月に一度は遊びに行く計画を立てた。春にはクローバーが一斉に花を開く。初秋には赤とんぼが飛び交う。晩秋はどんぐり拾いができる。寒い冬は枯れ草を踏みながら思い切り走ることができる。このグラウンドに行くまでは子どもの足で約10分かかる。途中大きな道路も横断しなくてはならない。しかし，普段外を歩くことが少ないP園の子どもたちにとっては，これも大切な経験であると考えた保育者はこの活動を繰り返し行った。

現代の子どもたちは本当に歩くことが少なくなった。P園の子どもたちもその例に漏れない。自分で自由に出かけられる原っぱは言わずもがな，公園すら大人と一緒でなければ出かけることができない状況にある。そんな子どもたちを思うとき，保育者たちは園外保育の保育的意味は今までには考えられないほど大きいと考えた。それゆえ単発の行事のように行っていては，子どもたちの経験を育てる自然等とのかかわりを保障することができないので，最低でも月に一度という単位で行うことにしたのである。

保育者が現代の子どもの置かれている状況を熟知し，子どもたちが身近な自然にかかわれるように保育者が心を砕かなくてはならない。さらに言えば保育者自身も生活者として，実践者として力を付けていく努力をすることなしには，子どもの育ちに必要な環境へかかわる力を保障できないといえるのである。

2. かかわりたくなる環境を構成する

(1) 環境が子どもたちにはたらきかけるもの

ここに三つの保育室があったとしよう。第一の保育室には1テーブルに子どものマーク入りの座布団の置かれた4脚の椅子が置かれている。テーブルは全部で6台出ている。遊具はすべて片付けられ，しまわれている。第二の保育室には製作コーナー，ままごとコーナー，大型積木のコーナー，絵本のコーナーが置かれている。テーブルと椅子が用意されているのは製作コーナーのみである。第三の保育室には何も置かれていない。

さて，この三つの保育室の前に来た子どもたちはそれぞれの部屋に入ってどんな動きをするだろうか，想像してみよう。まず第一の保育室では子どもたちは自分のマークのついた椅子に座るだろう。それ以外動きようがないといえる。では第二の保育室。子どもたちはそれぞれ興味をもったコーナーに行くだろう。また何人かはそこでは興味を引かれるものがなく，フラフラするかもしれない。最後に第三の保育室。何の障害もない家よりも大きな部屋に入った子どもたちの多くはきっとぐるぐると走り回るであろう。このように保育室のしつらえによって，そこから誘い出される子どもたちの動きはまったく違ってくる。保育者にはこのことを意識して環境を整えるという役割がある。

(2) かかわりたくなる環境を整えるとは

保育者が保育環境を整えるとき，どのようなことを考えて行っているのだろうか。一日の保育を終え，明日の保育を考えるとき，あるいは月間指導計画を作成するとき，さらには年間の指導計画を立てるとき，保育者は保育環境をどのように整えようかと考える。ここでは次の週の保育を考えるときのことを例にとって考えてみよう。今週の保育を終えた保育者は，自分の一週間の保育を振り返るために子どもの姿を思い浮かべながら記録を書く。一人ひとりの子どものあれこれを考えることは，それぞれの子どもの思いに気付くことであり，子どもたちのしていた遊びの面白さをゆっくりと味わうことでもある。これは言うなれば幼児理解のための時間ともいえる。この幼児理解の深まりがあってこそ，保育者は次の週の保育を構想することができる。これがいわゆる今週の「子どもの実態の把握」につながり，それに沿って次週の保育のねらいを設定することになる。このねらいは子どもの思いと保育者の思いを重ね合わせたものと考えてもよい。このねらいに沿って，具体的に保育室や園庭の環境構成を考えたり，園外保育をどのように実施するかを決めていくのである。保育者としての役割の基本は「幼児理解を深めること」といってよいだろう。これがあってこそ始めて子どもがかかわりたくなる環境を構成することができるのである。

3. 長期的な見通しの中で環境を考える

(1) 保育室に造形コーナー（製作コーナー）を置くことの意味

事例 12-4　造形コーナー

Ｐ園では保育室をしつらえるときにどのクラスも造形コーナー（製作コーナー）を置いている。他のコーナーもあるが，それらは時期により，あるいは子どもの育ちに応じて出したり引っ込めたしりしているのだが，造形コーナーだけは年間を通じてたいてい同じ場所にある。これには意味がある。年度当初，園に慣れない子どもたちが少しでも安心して過ごせるようにと保育者は心を砕く。造形コーナーや粘土のコーナーは園の中で居場所を見つけられない子どもたちがとりあえず安心して過ごせる場所になることが多い。家で使い慣れたクレヨンや折り紙などがあることが子どもたちに安心感を与えることができる。また保育者も子どもたちが登園し，それぞれの興味に応じて遊び始めるとその居場所の一つとしてこの造形コーナーを使うことが多い。このコーナーは保育室全体と園庭が見渡せる場所を選んで設置しているので，子どもたちの様子を把握しやすいし，子どもたちもまた担任の保育者の居場所がわかりやすく安心して遊び込むことができる。当初こうした意味をもつこのコーナーも子どもたちが園に慣れるにしたがってその様相を変える。自分の遊びに必要な道具を作る場合，じっくりと友達と一緒に製作を楽しむ場合，時には朝，遊びや友達が見つけられずにこのコーナーにやってくる場合などがある。

Ｐ園の保育者の場合は園の子どもたちの今までの様子から造形コーナーが１年を通じて必要な場所であることを知り，１年間，いや３歳児から５歳児まで必要な環境として用意をしておくのである。それぞれの園の保育者たちはこのように園での子どもたちの様子から環境設定を長いスパンを見通して考えている。

(2) 園外の山歩きを季節ごとに繰り返すことの意味

長期的な見通しをもって環境を考える場合，園外保育を欠かすことはできない。P園でも月間指導計画の中に園外保育を組み入れていることは先にも述べた。ここではさらにその集大成として年間指導計画の中に3回山歩きを入れたことを，長期的な見通しの中で環境を考えるという観点から見ていこう。

事例 12-5　歩く経験

P園の場合，春，秋に遠足を行っていた。しかし子どもの実態をみると，保護者と歩いて買い物などに行く子どもは少なく，自転車・自家用車での移動や外出が多いことがわかった。また，実際に遠足で歩いてみると，すぐに「疲れた」の声は上がるし，車が来ても端に寄るということが敏捷にできない等，本当に体を動かして歩くという体験が少ないこともわかった。親子での外出も自然を感じるようなものは少なく，テーマパーク系のところに出かけることの方が多い。このような子どもの実態からP園では月に1度はグラウンドで，また料理保育をするときなども近くのスーパーに買い物に行くなど，歩く経験をできるだけ増やすように指導計画に入れ込んだ。また春，秋に加えて冬の遠足を同じ小高い山道を歩くことにした。

年間指導計画に山歩きの遠足を3回盛り込むことで日常行っている園外保育の成果を評価することにしたのである。子どもたちにとっては遠足という楽しみの中に保育者が意図した子どもの育ちがあるかを確かめるわけである。また「自然」を感じにくくなっている現状をふまえ，園の遠足という行事を特別な行事としてではなく，子どもの置かれた状況と発達を長期的に見通して保育者が「繰り返し」仕掛けるものとして位置付けることが大切であるといえる。

4. 人的環境としての友達を活かす

(1) 友達がいるということ

事例 12-6　絵本のお化け

S保育園の1歳児クラスでのこと。給食の後，お昼寝までの時間お腹がいっぱいになった子どもたちは楽しげにそれぞれの遊びをしている。やがてお昼寝の前に担任の先生が絵本を読む時間になった。保育室のあちこちにいた子どもたちは先生の周りに集まってきた。『ねないこだれだ』（せなけいこ作　福音館書店）の絵本のお化けの出てくる場面でお互いに抱き合い，キャーキャー笑い合っている。

まだ一人遊びが中心で友達に気付くのはもっと後の時期とされる1歳児が，毎日の生活を共に経験する中で友達との楽しさを共有している事例である。これは同年齢の子どもたちが複数いる園環境でなければ経験させることはできない。また，保育者が様々な意図を埋め込んだ保育環境が本当に生きるのは，そこで楽しそうに遊ぶ子どもに誘われて他の子どもたちにも「面白そうだ，やってみよう！」という気持ちがわき起こり，実際にその子どもたちも遊び始める場合である。

こうして園では，ある子どものしていることが他の子どもにとっての遊びのきっかけになることが多くある。むしろ保育者よりも年の近い子どもたち同士の方がお互いにモデルとなりやすいともいえる。保育者はこのような子どもたち同士のかかわりを生めるような保育環境をつくっていく必要がある。

(2) 友達とかかわる

子どもたちが安心して園で生活できるようになると，周りの環境や他の子どもたちにも大いに目が向くようになる。一人遊びよりも友達と一緒がよくなり，子どもたち同士の遊びも活発化してくる。一緒にいるだけでよい時期から，仲がよくて一緒にいるからこそのトラブルが起きる時期もやってくる。このトラブルもまた時には保護者をも巻き込みかねないことではあるが，園環境の中で子どもたちに経験させたい大切な発達の課題でもある。子どもたちは自分の気持ちを出し合ってぶつかり合う。しかしその上で楽しく遊ぶためには，自分を引っ込めることが必要なときもあることを学んでいく。これらのことを支えていくのが保育者の大きな役割であるといえる。

(3) 友達と共に育つ

友達がいることを知り，友達とかかわりながら安定して園で生活できるようになると，子どもたちは自分たちで環境にかかわりながら好きな遊びをみつけて，友達同士で楽しむことができるようになる。園での生活を経験するうちに自分の言葉で自分の思いを話したり，友達の話にも耳を傾けられるようになる。

このように子どもたちが順調に発達するように，保育者が必要に応じて遊びに加わったり，時には子どもたちに考えるきっかけを与えたりすることは大切な役割であろう。さらに子どもたちは友達と一緒に共通の目的に向かって遊ぶ楽しさを味わうことができるようになる。この時期には，子どもたちが仲間と一緒にいろいろな表現をする楽しさを味わったり，共通のイメージがもてるように，保育者は一緒にアイデアを出したり，材料を準備したり手伝っていく必要がある。こういう保育者側の援助があってこそ，子どもたちは友達との信頼関係を深め，お互いに認め合いながら園の中で育つことができるのである。

5. 人的環境として保育者が存在する

(1) 保育の場の雰囲気をかもし出す

保育の場はどのような地域のどのような場所に，どのような園舎が建てられ，どのような園庭を持ち，どのような遊具があり，そしてどのような保育者がいるかでその特徴が決まってくる。しかし，立地条件や建物条件は変えることはできないにせよ，園庭をどう整備するか，また保育室をどうしつらえるかということについては，保育者の個人あるいは共同作業で大きく変えることができる。また保育者個人がかもし出す雰囲気も保育者がなかなか意識できない分，善きにつけ悪しきにつけ大きな影響を与えていることも多い。

事例 12-7　てきぱきした保育者

N保育者はてきぱきと物事を処理し，その動きはとても早い。あるときN保育者は隣のB保育者のクラスの子どもたちに比べると自分のクラスの子どもたちの動きが，なんとなく落ち着きなく，せかせかしたものであることに気付いた。このことを園内研修のときに出してみた。するとN保育者には思いもかけない意見が他の保育者から出された。「Nさんはいつもなんでもてきぱきやっているわよね。すごいと思ってみていたけれど，もしかしたら子どもたちにとっては早すぎる動きなのではないかしら。それと，知らず知らずのうちにNさんのクラスの子どもたちがNさんの動きに同調して早くなっているのかもしれないわね」。しばらく考えたN保育者は自分がなんでもてきぱきとやらないと気がすまないこと，また子どもたちが少しぐずぐずしていると我慢ができないことなどが思い当たった。B保育者を見ているとじっくりと子どもと遊び込んでいる。これを見て保育のときに次から次へ段取りばかりを考えて，ゆったり子どもと遊ぶことが少ないことがわかった。

この事例のように保育中，自分の動きが子どもたちにどんなふうに映り，どんなふうに影響を与えているかということは，保育者自身には非常に気付きにくいものであることがわかる。保育者の動きや雰囲気は一緒に生活する子どもたちのモデルとなりやすいのだが，保育者自身はそれを意識化することが難しいのである。ここでの保育者の役割は，自分では意識していない行動や雰囲気が大いに子どもたちに影響を与えるということを自覚することであろう。

また，これは一保育者のかもし出す雰囲気の問題にはとどまらない。園全体ではどのような雰囲気になるのかということも，実はその中にいる保育者は気付きにくいものである。普段は意識しないこれらのことが実は園で生活する子どもたちの動きに大きな影響を与えていることは否めない。このような保育者自身には自覚できにくいことを越えていくためには，保育者同士の話し合いはもとより，園が園だけで完結するのではなく，保護者や第三者に向かって開かれるようにしておくことが大切であろう。

(2) 環境を「保育環境」につくり変える

環境はそのままでは保育環境にはなり得ない。保育環境の定義については第4章で詳しいが，ここでもそこでの定義「子どもにとっての育ちにつながる意味ある環境」が「保育環境」であるという捉えで考えていきたい。その定義の中身を詳しく見ていくと「自分の居場所として感じられること」「遊びたくなる環境であること」「試すことができる環境であること」が「子どもにとっての育ちにつながる意味ある環境」ということになる。そのために保育者が心をかけ，手をかけることが保育者の存在意義ということになる。

(3) 質の高い保育環境としての保育者を目指す

今までは子どもの環境へのかかわりを促す保育者の役割ということで見てきたが，第2章でも述べられているように，ここで見逃せないのは「現代の生活環境の中で，子どものよりよい育ちを保障するためには，保育者自身が生活者として優れた実践者であろうとすること」また「実際の生活実践を通して，考え続けることが何よりも大切」ということである。

先にも述べたように保育者としての自分のありようはなかなか見えにくいものである。しかし子どもたちにとってよき人的環境たらんとするならば，いくつかの努力項目をもつこともまた必要であろう。特に現代に生きる私たちに欠けていることは「直接体験」をもつことが少なかったということである。

「自然とのかかわり」にせよ，「生き物とのかかわり」にせよ，さらにいうならば「人とのかかわり」においてすら私たち現代の保育者は力が弱い。これを克服するために保育の場で子どもたちと共に直接体験をしっかり積んでいくことである。また，保育者としては未来を生きる子どもを育てるという役割を担っている以上，常に社会事象にも興味・関心をもたない限りその役割を果たすことはできない。

子どもの中に「周囲の様々な環境に好奇心や探究心をもって関わり，それらを生活に取り入れていこうとする力を養う」と欲するならば，まずは保育者としての質を高めていくということがない限り，子どもたちの中にこれらのことは育っていかないといえる。

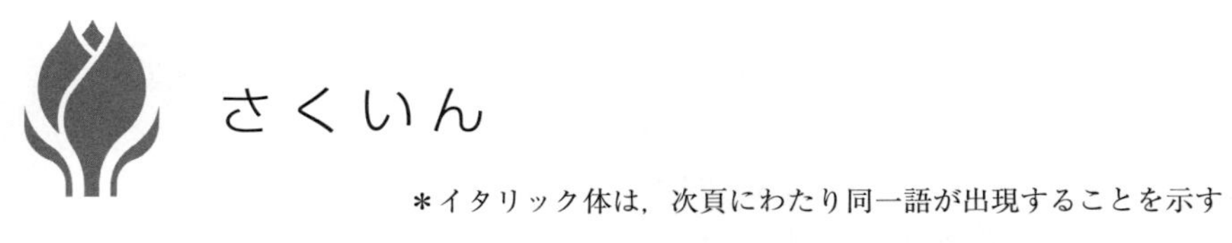

さくいん

＊イタリック体は，次頁にわたり同一語が出現することを示す

執筆者・執筆担当

〔編著者〕

榎沢　良彦	東京家政大学家政学部教授	第１章
入江　礼子	元共立女子大学家政学部教授	第12章

〔著　者〕（50音順）

石原喜代子	元名古屋文化学園保育専門学校	第９章
川上　美子	元淑徳大学非常勤講師	第８章
佐々木　晃	鳴門教育大学附属幼稚園園長	第５章
高柳　恭子	宇都宮共和大学子ども生活学部教授	第11章
西多由貴江	金沢大学人間社会学域学校教育学類附属幼稚園教頭	第10章
根津　明子	元東京都市大学人間科学部准教授	第２章
松田　清美	福岡こども短期大学教授	第３章
宮里　暁美	お茶の水女子大学人間発達教育科学研究所教授	第６章
向出　圭吾	北陸学院大学人間総合学部講師	第７章
横山　洋子	千葉経済大学短期大学部教授	第４章

シードブック
保育内容 環境［第3版］

2006年（平成18年）4月1日　初版発行～第3刷
2009年（平成21年）1月30日　第2版発行～第5刷
2018年（平成30年）5月10日　第3版発行
2021年（令和3年）8月20日　第3版第4刷発行

編著者　榎沢良彦
　　　　入江礼子
発行者　筑紫和男
発行所　株式会社 建帛社
KENPAKUSHA

〒112-0011　東京都文京区千石4丁目2番15号
TEL　(03)3944-2611
FAX　(03)3946-4377
https://www.kenpakusha.co.jp/

ISBN978-4-7679-5082-2　C3037　教文堂／ブロケード

（定価はカバーに表示してあります）